最新版

中学受験は親が9割

西村則康

青春出版社

はじめに
楽しくなければ、中学受験は成功しない

もうじき小学校5年生になるお子さんをもつお父さんとお母さんが、こんな話をしています。

母「ねえ、サトルの中学のことだけど、私立を受けさせたほうがいいんじゃないかと思うんだけど。今年の春から5年生だし」

父「えー、私立？　近所の区立じゃダメなのか？」

母「ママ友に聞くとあんまり評判よくないのよ。それにサトルはすごく成績いいじゃない？　テストもほとんど90点以上だし、通知表もオール二重丸。少し難易度の高いところにも行けると思うのよ。学費は、私も働いてるんだしなんとかなるでしょ」

父「まあ、学費はどうにかなるかもしれないけれど、小学校から受験勉強させるのか？　大学受験で頑張ればいいんじゃないか」

母「でも付属とかに受かれば、あとがラクじゃない？」
父「今やってる公文じゃダメなのか？」
母「やっぱり受験用の勉強を教えてくれる塾じゃないとダメみたい」
父「うーん。まあ、挑戦させるのは反対じゃないけどなぁ。近所にいい塾あるの？」
母「駅前にＳＡＰＩＸがあるわよ。家から10分だからラクだし」
父「う――ん」
母「ほら、それにサトルは理系が強いみたいだし、伸ばしてやりたいじゃない」
父「まあ、オレも理系だからなあ」
母「難しい算数や理科の問題はあなたが教えてやってよ。私は文系で国語や暗記モノは得意だったから」
父「そうだなあ。まあ、やらせてみてもいいか。でも本人はどうなんだ？」
母「最近、塾に行ってる友だちに刺激されたみたいで、ボクも行きたいなー、とか言ってるのよ」
父「サッカーはどうするんだよ、レギュラーになれたって喜んでたじゃないか」
母「それは続けられるんじゃない？　塾は毎日行くわけじゃないんだし」

父「まあ、そうだよな。じゃあ、そのＳＡＰＩＸとかいうところに、試しに行かせてみたら？」

どこの家庭でもありそうな会話です。

こんな会話の後で、塾を訪れるお母さんとお子さんは多いのではないでしょうか。

私は長年塾講師として、また現在は家庭教師として、中学受験に挑む子どもたちの指導を続けてきましたが、最近になってますます「中学受験」の面白さ、奥深さ、そして「難しさ」も感じています。だからこそ子どもたちの指導をしながら「塾ソムリエ」として、多くの親御さんから中学受験や塾に関するご相談を受け、アドバイスしてきました。

中学受験の「難しさ」とは、問題の難しさだけにとどまりません。むしろ、本当の難しさはまったく別のところにあります。

実は、今ご紹介した、お父さんとお母さんの会話の中にこそ「難しい問題」がたくさん含まれているのです。

ちょっと意地悪ですが、この会話の中に含まれる「問題点」を指摘してみましょう。

問題点1　学校の成績がいいから難易度の高い私立中学にも行けると思う
問題点2　付属に入れば後がラクだと思う
問題点3　算数や理科の問題は理系のお父さんが教え、国語や社会は文系のお母さんがフォローすれば大丈夫
問題点4　本人が塾に行きたいと言っているから行かせてやりたい
問題点5　（とりあえず）SAPIXに行かせてみよう
問題点6　サッカーと塾は両立できるだろう

いずれも、特に大きく間違ってはいないような気がする方も多いのではないでしょうか。このご夫婦は、お子さんの将来のこともしっかり考えているようですし、夫婦の会話もちゃんとある。塾と私立中学に通わせることができるだけの経済力もあるようです。ご夫婦ともに大卒で、お父さんは理系、お母さんは文系。

これらはごくごく自然な発想に思えるかもしれませんが、もしこのご夫婦がこのままの意識で子どもを難関校受験に挑ませても、失敗する可能性が高いでしょう。少なくとも

「御三家」といわれるような「超」がつく難関校に合格するのはまず無理です。

そもそも「難関校」に合格することにどんな意味があるのか、ということについてはあらためてお話ししますが、ここで言う難関校とは偏差値50以上の中学だと考えてください。超難関校とは偏差値70前後の数少ない中学を指します。

今指摘した問題点のどこが「問題」なのか、簡単に説明しましょう。

問題点1→学校の成績がよくても塾で順調に伸びるとは限らない

問題点2→付属に入れば後がラクだからと受験させると、入学できても大学入学時の学力が非常に劣ることが多い

問題点3→親に難関校の受験問題は解けない。また親の「指導」はむしろ害になる

問題点4→「本人の気持ち」はまったくあてにならない

問題点5→SAPIXなどの受験対策塾は準備の勉強をしないと入ることが難しい

問題点6→本気で中学受験に挑んだらサッカーや野球との両立は不可能

これらについてどう対応すべきなのかは、各章でお話ししていきたいと思います。

もうひとつ非常に重要なポイントを挙げると、このお母さんが「中学受験」を思いついた、「あと数カ月で小学5年生」という時期についてです。**小学校4年生の終わりも近づいた2月ごろということになりますが、中学受験を検討するには遅すぎます。**理想を言えば小学校1、2年生のときには方針を決め、その期間は家庭でも中学受験の基礎となる能力や学力を高める努力を意識的に毎日続け、3年生の後半には入塾テストを受け、4年生になる直前の2月からは塾に通う、というスケジュールを立てなければいけません。それが今どきの「中学受験」というものなのです。

中学受験を考えるきっかけはいろいろだと思います。たとえば「どうしても親と同じ医者になってもらいたいから医学部へ」というものから、「近所の公立中学では物足りないから私立に行かせたい」「後々ラクそうな付属に入れてやりたい」「女の子だからしつけに厳しい私立に入れたい」などさまざま。

しかしどのような場合であっても、また志望校の偏差値に差があっても、中学受験というのはかなりの「覚悟」と「準備」が必要なものなのです。

しかも、その覚悟をすべきは子どもよりもむしろ親です。夫婦の意見が完全に一致していて、しかも中学受験に多くの時間を割く覚悟があって初めて、中学受験の準備が始まるといってもいいでしょう。

まず受験でどんな問題が実際に出題されるのかを親がはっきり知ったうえで、その覚悟をしなければなりません。後でご紹介しますが、今の中学受験で出題される問題は、大卒のご両親でも容易に解けるものではありません。まして、超難関校の問題はほとんど手に負えないようなものばかりです。

中学受験は、お父さんお母さんの時代のものとは大きく変わってきています。中学受験をする以上、受験を専門にした進学塾の助けを借りることは必須です。**どんなに学校の成績がよい子でも、受験用の勉強をしなければ偏差値50以下の私立中学に合格することも難しいのが現実なのです。**

もちろん偏差値がもっと低い私立中学もあります。偏差値30台でもユニークな教育方針の中学はありますから、それに賛同して進学させたい場合は別ですが、通常の中学受験といえばやはり、「近所の公立中学よりはレベルの高い中学、大学進学実績などがいい中学」という選択が一般的。「私立ならどこでもいい」と思う人は少ないはずです。

とすれば、超難関校を目指さないまでも、中学受験を考える以上、親御さんはあらかじめかなりの覚悟で小学校の6年間、とくに後半の3年間を見据える必要があるのです。

親の覚悟がないと、決して子どもを支えることはできません。小学生の子どもに、進路や勉強法、勉強のスケジュールについて「自主性に任せる」ことは不可能。そこに親が大きく関わらざるを得ないのです。そこが高校受験、大学受験と大きく違うところだということを、まずは知っておいてください。

中途半端な気持ちで「とりあえず塾に入れておけば安心」というような理由で子どもを塾に通わせ、中学受験に向かわせても、決していい結果にはならないでしょう。**中学受験に取り組むことは、「家族全員の大プロジェクト」なのです。**

子どもだけでは決してできないし、お母さん、お父さんだけでもできません。実はおじいちゃんやおばあちゃんの理解もまた必要なのです。

時間的、精神的に最も大きな負担がかかってくるのはお母さんですが、お母さんを支えるお父さんの役割もまた非常に大きい。お母さんが仕事を持っている場合は、さらに負担が大きくなるでしょう。これをどうやって家族で乗り切るか、どう支えてフォローし合うか。家族全員で考え、子どもに接していくことが一番大切なのです。

だからこそ、この本のタイトルは「中学受験は親が9割」としました。**合否を決めるのは、子どもの持つ潜在的なポテンシャルが1割、残りは親の仕事なのです。**

では、「塾」の役割は何かと言えば、塾は道具、つまり親子で利用すべきツールです。親が慎重に塾を選び、うまく付き合い、塾の授業や指導を有効に活用できるよう家庭で支援し続けることが一番大事なこと。「親が9割」とは、「親が勉強を教える」という意味ではありません。親が今どきの中学入試問題の傾向を分析し、どんな対策を立てればいいのかを判断し、解法まで教えることは100%不可能です。

最終段階近くまで来れば、非常に優秀なごく少数の子どもは「ほぼ放っておいても大丈夫」な状態になりますが、99%の子どもたちは、最後の最後まで家族がフォローし、支援することが大切です。


中学受験とは、ある意味で過酷なものです。親にとっては経済的にも時間的にも、精神的にも大きな負担を強いるでしょう。また子どもも、本来やりたいことを我慢しなくてはいけなくなるでしょう。たとえば、友だちと遊ぶ、ゲームをする、サッカーをする……。

その時間をけずって、「勉強」をしなければならないのです。

でも、その「勉強」とは本当にイヤなもの、楽しくないものなのでしょうか？　親が「かわいそう」と思いながら子どもに強いなければならないものでしょうか？

どんなに辛くても、楽しいことや面白いことであれば、子どもは一生懸命取り組みます。サッカーが好きな子だったら、練習が厳しくても、試合で点が取れないときがあっても、楽しそうに続けるはずです。

「受験勉強」というものにも、そこに真の面白さ、知的な喜び、わかること、理解することの楽しさなどがたくさん含まれているのです。そしてきちんと努力すると、実はサッカー以上に結果は出やすい。目標もはっきりしています。

子どもと真正面から向き合い、全力で支えてやろうという覚悟が親にあれば、きっと子どもは「受験勉強」を楽しめるようになるはずです。

そこに、親もまた喜びを見い出せることでしょう。

超難関校ではないとしても、それは同じことです。

小学校という大切な時期に、親が全力で子どもを支え、親子が同じ目的に向かって進もうとすることは、もし志望校に入れなくてもかけがえのない時間になるはずです。

また、受験勉強を通じて得た「勉強の手法」「問題を解くときの考え方」「スケジュールの立て方」「自己管理」「ノートのとり方」「文字の書き方」、そして「新たな知識や考え方がわかったときの楽しさ」などは、必ず高校受験、大学受験、さらに社会に出てからの長い人生において非常に大きな力になります。

中学受験は親にとっても子どもにとっても、大きな覚悟がいる挑戦です。

だからこそ、あまり安易な気持ちで臨むべきではありません。

けれど、覚悟さえもってあたれば、「合格」以上に大きなものを与えてくれます。

子どもにとってだけではなく、親もまた、中学受験によって成長していくことができるのです。

最新版の刊行にあたって

『中学受験は親が9割』の初版が刊行されてから4年が経ちました。その間、２０２０年から始まる大学入試改革の影響で大学付属校の人気が高くなってきたり、公立中高一貫校への関心がさらに高まってきたりと、中学受験界にもいくつかの変化がありました。

最近は塾産業も成熟期を迎えた感があり、テキストは洗練され、授業は画一化されるようになってきています。こうした大手塾も創業時は小規模経営で、子どもたちの未来を応援する熱意のある先生たちが寝袋を持ち込んでオリジナルのテキストをつくり、個性あふれる授業を行っていたものでした。しかし、中学受験を突破するのに必要な問題量が年々肥大化してきたため、塾も効率のよい教え方を研究し続けており、それが画一化の一因となっています。また、子どもたちに要求される学習量も増加しています。

「とにかく覚えなきゃ！」「問題を全部解かなきゃ！」。**勉強量が増えたことにより、それをこなすだけの機械的な勉強になってしまっている子も少なくありません。**

本来の中学受験の勉強とは、その後の長い人生においても非常に有益なものです。特に算数では「この条件から何がわかるか？」「この答えを出すには、何がわかればいいのか？」という、〝考える型〟が身につきます。こうした力があると、物事を一面的にではなく、いろいろな方面から見られるようになるのです。

学校側も、単に知識の量を増やすような学習を望んでいるわけではありません。入試問題は〝学校からのラブレター〟だと言われるように、各学校の入試問題には、「こういう問題が解ける子にきてほしい」というメッセージが込められています。**難関校の多くが思考力を試す問題を出すのは、自分で考える力のある子に入ってほしいからです。**

しかし、思考力は塾で言われた通りの勉強をこなすだけでは身につきません。日ごろからの〝じっくり考える習慣〟が大切です。それはある日突然身につくものではなく、幼少期にさまざまな体験をしていることが大切です。

といっても、幼少期から塾や習い事をハシゴさせる必要があるわけではありません。子どもは本来、好奇心のかたまりのようなもの。特別に何かをしてあげなくても、日常の中でさまざまな物事に対して興味を示します。親が適切なポイントで、「これって何だろうね？」「どうやったら動くんだろうね？」「一緒に調べてみようか」などといった声かけをしてあげる。その積み重ねが考える力を養うのです。

中学受験の勉強が始まると、日々の勉強でじっくり考える時間が奪われてしまいます。だからこそ、**親は意識的に考える時間をつくってあげる必要がある**のです。

そして日々の学習では、「ここはもうわかっているからいいよね。でも、ここはもう少し理解が必要だから、がんばろうね。こっちはまだ難しいから、もう少ししてからやってみようか」などと、お子さんの現状と照らし合わせて学習を選択する。

「10月から過去問にとりかかるには、今は何をやったらいいかな？　ここで苦手科目を克服しておくと、自信がつきそうじゃない？」と学習スケジュールを考える。

塾は受験に必要なカリキュラムを提供してくれますが、勉強の進め方までは教えてくれません。**塾に言われるまま勉強をこなして順調に成績を上げていけるのはほんの一部の子どもだけで、他の大多数の子どもはそうではありません。**

だからこそ、親が主導して子どもの学習環境を整えてあげることが大切になります。それが、本書のタイトルである『中学受験は親が9割』の意味です。

中学受験において親に求められることは、ますます増えているように感じます。**これまで通りの〝やらせる工夫〟をしながら、〝やらせすぎない工夫〟も必要**になってきたからです。「がんばってたくさん勉強しているのに、成績が下がっています……」という相談が急増していることがその証拠です。

もちろん、すべてを一人で抱え込む必要はありません。何かうまくいっていないと感じたら塾の先生や家庭教師などを使い、そのつど立ち止まって修正していけばいいのです。

中学入試に思考力が求められるように、中学受験のプロセスでは親も自分自身で考えるべきことがたくさんあります。「これでいいかな?」「いや、こうした方がよさそうだ」と、親もたくさん考えて最良の方法を探す。そして、最後に合格を勝ちとるのです。

すべてのご家庭の中学受験が成功するとは限りません。これはまぎれもない現実です。しかし、一つの目標に向けて親子で一緒に頑張った日々は、かけがえのない思い出になるはずです。中学受験を笑顔で終われるかどうかは親次第。その覚悟を持って親子で共に歩んでいけるよう、本書がサポートいたします。

西村則康

中学受験は親が9割 最新版　もくじ

1章

親世代とはこんなに違う！今どきの中学受験事情

2章

難関校合格を引き寄せる頭のいい塾の使い方

3章

中学受験を決めたらまず考え、決めておくべきこと

4章

学力急上昇の切り札「家庭教師」の使い方

5章

親が必ずすすべき習慣・やってはいけない習慣

6章

無理なくムダなく進む合格までのスケジュールの立て方

付録　今どきの中学入試問題例

装丁　小口翔平／三森健太（tobufune）
カバーイラスト　加納徳博
構成　小幡惠／石渡真由美
制作協力　加藤彩
本文イラスト　中村知史
本文DTP　センターメディア

1章

親世代とはこんなに違う！
今どきの中学受験事情

学校選びのじゃまになる“親の先入観”

「中学受験の難関校」というと、どんな中学校を連想するでしょうか？　関東なら麻布中学、開成中学、武蔵《むさし》中学の「男子御三家」がまず挙がるでしょう。いずれも中高一貫で、東大への進学率も非常に高い学校です。女子の御三家は桜蔭《おういん》中学、女子学院中学、雙葉《ふたば》中学。関西であれば灘《なだ》中学、東大寺学園中学、洛南《らくなん》中学、女子は神戸女学院中学などとなります。偏差値でいうなら74～78（四谷大塚偏差値・以下同）です。

70～74になると、10～20年前にはあまり難関校とは思われていなかったような学校もかなりたくさん名を連ねています。

今、中学受験を考えている小4ぐらいのお子さんのご両親は、だいたい30歳代半ばから40歳代というあたりの方が多いでしょう。自分たちが中学生だったころと言えば、今からざっと20～30年も前のことになります。

まずは、**ご自身が中学生だった当時の難関校と、今の難関校は大きく変わっていること**

を知っておいてください。

今「難関」と言われる学校の名前を聞いて「えーっ、その学校、昔は不良ばっかりだったのに」「勉強できない子が行く中学だったはず」「スポーツだけ有名じゃなかったっけ」「名前も聞いたことがない」ということも多いと思います。

「中学受験」というのは、ほとんどが東京、大阪を中心とした大都市に限られた現象。それ以外の地方には「私立中学校受験」という選択肢はほとんどありません。私立中学自体が少ないのですから、最寄りの公立中学、公立高校に進学して、大学で初めて本格的な「受験」を経験する場合のほうが多いのは当然です。

お父さん、お母さんともに地方出身だった場合、またはどちらかが地方出身だった場合、大都市で話題になる「中学受験」に戸惑いを感じる方も多いでしょう。

「え、なんでわざわざ私立を受験するの」

「公立じゃどうしてダメなの」

「難関校といわれても、開成くらいしか知らない」

という人も多いはずです。

この数十年、少子化などの影響もあり、多くの私立中学はレベルアップを図り生き残りをかけてきました。親世代が中学生だったころとは比べものにならないくらい偏差値が高くなっている学校もめずらしくありません。

中学受験について知りたいと思ったら、まずは「自分たちの地方ではこうだった」「自分たちのころはこうだった」という先入観を捨ててしまうことが必要です。

そこを家族で徹底しておかないと、たとえば塾で「お子さんならA校、B校が狙える」と言われても、わけがわからないということになります。うっかりすると「昔はたいした学校じゃなかった」といったことを子どもの前で口にすることになります。これは、決していいことではありません。

知らない学校があるのは当然のことですが、「昔は……」などと言わず、きちんとその学校の現在について家族で調べてみることがとても大切になります。「偏差値」は志望校を決めるときの大きな目安ではありますが、偏差値だけで選ぶのではなく、**学校の方針や校風、さらに入試の傾向も把握したうえで検討してほしい**のです。

もちろん、志望校は勉強の進み具合によって変更するものですが、受験をする以上、小学4年生のころには、とりあえずであっても見当をつけておいたほうがいいでしょう。

暗記では絶対に解けない麻布中学の問題

もうひとつ、非常に大切なのは、「中学入試ではどんな問題が出題されるのか」を親が知っておくということです。「どんなに難しいって言っても、しょせん小学生向けの問題。大人が本気を出せば解けるでしょ」などと考えるのは、絶望的に大きな間違いです。「難しい」と言われても、何がどう難しいのかは想像がつかないでしょう。まず、最難関と言われる中学の入試問題を実際に見てみてください。

関東の御三家のひとつ、麻布中学校の入試問題は難易度が高く、かつユニークなものが多いためよく話題になります。

最初にご紹介するのは、２０１３年麻布中学校の入試、理科で出題された問題です。

99年後に誕生する予定のネコ型ロボット「ドラえもん」。この「ドラえもん」が優れた技術で作られていても、生物として認められることはありません。それはなぜですか。理由を答えなさい。

解答は選択式ではなく記述式。ちょっとビックリした人もいるのではないでしょうか。「理科は暗記ものが多い」と思っていた方には衝撃かもしれません。

もちろん「ロボットは生物ではないから」といった問題文を言い換えただけの解答で点数はもらえません。実は、この問題は「大問2」の「問7」として出題されたもので、大問2の問題文にヒントがあるのです。

大問を見てみましょう。

大問2

地球には、わたしたちヒト以外にもさまざまな生物がいます。みなさんはイヌやネコを見かけると、それが生物であるとすぐに判断できます。しかし初めて見たものは、手に取っただけで生物であるかどうか、すぐに判断はできません。さわったときのやわらかさや、温かみなどの感しょくだけでは、生物であると判断することはできないからです。それでは、「生物であると判断するための特徴」とは、どんなものなのでしょうか。

生物とは、「生きているもの」という言葉で簡単に説明できます。しかし、生きているという状態を説明することは簡単ではありません。それは生物の体の中でさまざまなものが変化していて、それらの変化の結果、生きているという状態になっているからです。

そこで、さまざまな生物を観察し、生物でないものと比べてみたところ、すべての生物に共通する特徴がいくつか見つかりました。その特徴のなかでも、とくに重要なものが、下の特徴A～Cです。

特徴A　自分と外界とを区別する境目をもつ。
特徴B　自身が成長したり、子をつくったりする。
特徴C　エネルギーをたくわえたり、使ったりするしくみをもっている。

問題文はさらに続き、A～Cそれぞれについて詳述され、最後の部分には「これら特徴A～Cのいずれかを満たすものはたくさんあります。たとえば、私たちに病気を引き起こすウイルスは、特徴Aのみ満たしていますが、特徴Bや特徴Cを満たしていないので、生物とはいえません。つまり、特徴A～Cをすべて満たしたものを生物というのです」と書かれています。

これをきちんと読み取れば、ロボットであるドラえもんは、特徴AとCは満たしてはいるものの、「特徴B」にあてはまらないことがわかります。

よって「ドラえもんは、自ら成長したり、子孫をつくったりすることができないので、生物とは認められない」「ドラえもんは問題文中の特徴Bを満たしていないので生物とは認められない」といった記述が正解となります。理科の問題でありながら、ここで問われているのは理科の知識よりもむしろ読解力であり、論理的思考力です。

すべての中学でこんな問題が出るわけではありませんが、**中学受験に挑戦する場合、塾以前のご家庭の環境、読書経験、社会的な経験、そこから得られる身体感覚が非常に大切です。**これについては章をあらためてお話しします。

小学生にも論理的思考を求める理科の難問

次にご紹介するのは、同じく麻布中の2018年度の問題です。「ドラえもん」の問題は、意外さはありますが「難問」とはいえません。しかし、こちらの問題はさらに高レベルで、しかも単なる知識や暗記では歯が立たないものです。過去問を大量に解いていても、それだけでは正答にはたどりつけないでしょう。

ちょっと長いですが大問すべてを紹介しますので、ぜひお父さん、お母さんも挑戦してみてください。

問3 下線部②について、雨の量の表し方である降水量は、平らな場所に降った雨が、どこにも流れずにたまったときの深さを示すものです。1時間の降水量が100mmだった地点では、1時間に1m²あたり何L《リットル》（何kg）の雨が降ったことになりますか。計算して答えなさい。

問4 下線部③について、人が川に手を加えるときに、洪水を防ぐはたらきがあるものとしてもっとも適当なものを、次のア～エから選び、記号で答えなさい。

ア．下流の川はばを広げる。

イ．カーブを増やして川を長くする。

ウ．中流から下流の川底を埋めて平らにする。

エ．上流で他の川をつなげて流域面積を広げる。

近年、強い雨の降る場所や降り方が変化してきたともいわれています。そのため、昔からの洪水対策が見直されたり、新たな対策が研究されたりしています。また、強い雨がいつ、どこに降るのかを予測するための研究も進められています。

ところで、雨は地球だけの特別な自然現象ではありません。土星の周りをまわる衛星であるタイタンでも、雨が降っていることがわかりました。タイタンは、60個以上発見されている土星の衛星の一つで、月よりも大きな天体です。惑星《わくせい》や衛星は地球からとても遠いのですが、実際にその天体の近くまで行く探査機によって調べられています。タイタンへは、2005年1月に、土星の探査機カッシーニから切り離《はな》されたホイヘンス・プローブという探査機が着陸に成功し、タイタンはこれまでに人工物が着陸したもっとも遠い天体となりました。それまで④タイタンは大気をもつ衛星として知られていたのですが、これらの探査機によって、⑤表面に液体が存在し、雨が降っていることが確認《かくにん》されました。ただし、⑥タイタンの表面はマイナス180℃（氷点下180度）なので、地球のように「水の雨」は降りません。

入試問題　2018年麻布中学校　理科

大問3

　みなさんが生活の中で毎日気にしている自然現象は何でしょうか。「天気」、特に「雨が降るかどうか」と答える人が多いのではないかと思います。①水のつぶである雨が降ると、かさが必要だったり、外で遊べなかったりしますから、わたしたちは天気を気にするのでしょう。ところで、天気を変化させる空気の動きは、時速40km程度です。また、天気の変化をもたらす雲は、およそ上空10kmから地表までの間にできます。

問1 下線部①について、雨つぶは大きいものでも直径8mm程度ですが、直径5mm程度の雨つぶは秒速10mの速さで落下します。雨つぶが上空3kmの高さから地表までこの速さのままで落下した場合、何分かかりますか。計算して答えなさい。

問2 真上を見上げても雲がないのに雨が降る「天気雨」が起こる理由として、あてはまらないものを、次のア～エから1つ選び、記号で答えなさい。

ア．雨つぶが、強い風によってふきとばされてしまうから。
イ．雨つぶが落ちている間に、雲をつくる水のつぶが蒸発してしまうから。
ウ．雨つぶが風で持ち上がると雲ができるので、雨の降り始めは雲がないから。
エ．雨つぶが地表に着く前に、雨を降らせた雲が頭の上から移動してしまうから。

　降った雨は地表を流れ、また蒸発して雨のもとになるというように、水は循《じゅん》環《かん》しています。②雨の量や降る場所は、時と場合によって様々で、集中ごう雨によって洪《こう》水《ずい》などが起こり、私たちの生活に被《ひ》害《がい》が出てしまうこともあります。川の多い日本では、昔から洪水対策が行われてきました。川の上流にダムを、中流に遊水地をつくり、それ以外に、ていぼうもつくられてきました。一方で、洪水が起こるしくみがあまり理解されていなかったころには、③人が川に手を加えたことで、洪水被害が増えてしまうこともありました。流域（雨の水が集まるはんいのこと）の面積が日本最大の利根川も、その一つです。

問8 下線部⑥について、タイタンではメタンという物質が雨となって降り、川をつくっています。メタンは、こおる温度やふっとうする温度が、水とは異なります。メタンの特徴《とくちょう》としてもっとも適当なものを、次のア〜エから選び、記号で答えなさい。

ア. 水と比べて、こおる温度とふっとうする温度がとても高い。
イ. 水と比べて、こおる温度とふっとうする温度がとても低い。
ウ. 水と比べて、こおる温度はとても高く、ふっとうする温度はとても低い。
エ. 水と比べて、こおる温度はとても低く、ふっとうする温度はとても高い。

探査機カッシーニは、昨年９月に土星に飛びこんで探査活動を終了《しゅうりょう》しました。探査機カッシーニが土星やその衛星を調べる中で、いくつもの新たな発見がありました。その中には、タイタンや、同じく土星の衛星であるエンケラドスに生命体が存在する可能性を示す発見もありました。その後、電池切れが近づいてきたので、コントロールが効かなくなる前に⑦土星に飛びこませることにしました。探査機カッシーニによる大発見は、今後の研究に引きつがれることになります。

問9 下線部⑦について、なぜそのようにしたと考えられますか。あてはまらないものを、次のア〜エから1つ選び、記号で答えなさい。

ア. これまでにないほど近いところから、土星を観測するため。
イ. 探査機がぶつかってしまうと、タイタンやエンケラドスは壊《こわ》れて無くなってしまうため。
ウ. 土星は他の衛星よりも大きいので、探査機がぶつかることで受ける影響《えいきょう》がもっとも小さいため。
エ. 生命体がいるかもしれない衛星に探査機がぶつかって、地球の物質でよごしてしまうことがないようにするため。

[答え]
[問1]5 [問2]ウ [問3]100 [問4]ア [問5]位置 ア 向き c
[問6]エ [問7]Ⅰ○ Ⅱ○ Ⅲ× [問8]イ [問9]イ

問5 左下の図は、探査機カッシーニが撮影《さつえい》した衛星の写真です。図中の右側がレア、左側がテチスという衛星で、写真はこれらを横から見たものです。レアはテチスよりも大きな衛星です。写真の衛星の形（光って見える部分）が、月の満ち欠けのように、見る向きと太陽光の向きによるものであるとすると、撮影したときの衛星に対するカッシーニの位置と、太陽光の向きは、それぞれどのようになっていたと考えられますか。右下の図の中で、もっとも適当なものを、カッシーニの位置はア～エから、太陽光の向きはa～dからそれぞれ選び、記号で答えなさい。ただし、右下の図は、カッシーニ、レア、テチスを、写真の上方から見たもので、正しい大きさや距離《きょり》の関係を示すものではありません。また、太陽光はどちらの衛星にも平行に向かうものとします。

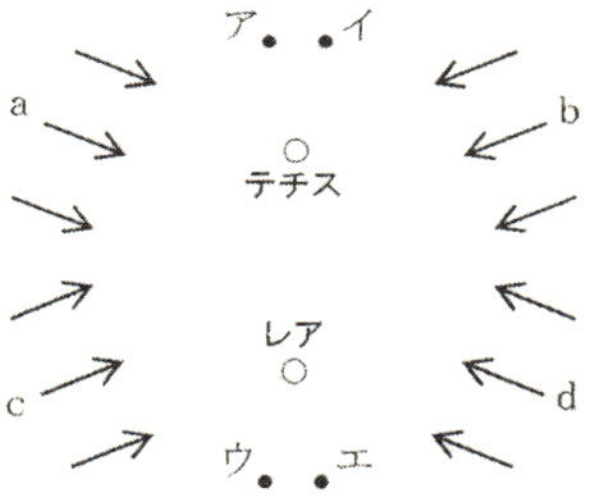

問6 下線部④について、タイタンの大気でもっとも多い成分は、地球の大気でもっとも多い成分と同じです。その成分としてもっとも適当なものを、次のア～オから選び、記号で答えなさい。

ア．二酸化炭素　　イ．酸素　　ウ．水素　　エ．ちっ素　　オ．アルゴン

問7 下線部⑤について、右下の図は探査機カッシーニが撮影したタイタンの川の写真です。タイタンの地形が地球の地形と同じように形成されると考えて、図中の地点A、Bについて述べた次のⅠ～Ⅲの文が正しければ○を、間違《まちが》っていれば×を、それぞれ書きなさい。

Ⅰ．Aから Bの向きに川が流れている。
Ⅱ．A付近の方がB付近よりも流れが速い。
Ⅲ．B付近の方がA付近よりも標高が高い。

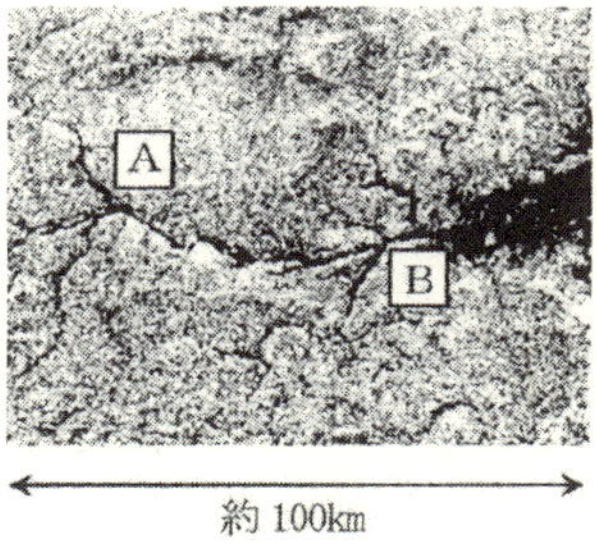

2018年度、麻布中学の理科の入試問題を見ていただきましたが、いかがでしょう。これは「地学」分野の問題ですが、ここで試されているのは読解力と論理的思考力、そして科学する者の良心です。

一般的に、理科の入試問題は「生物」「化学」「地学」「物理」の4分野からほぼ均等に出題されます。麻布中学2018年度入試では、「生物」はヤンバルクイナの生態について、「化学」はセッケンの性質とそれに関する実験について、「物理」は熱や温度の性質からエアコンの仕組みについて考える問題が出題されました。

「地学」ではこれまでに、放射性物質の半減期から地層の年代を類推させる問題、ハワイ諸島の並び方から、地下のマントル対流の方向が過去に変化したことを類推させる問題などが出題されています。

いずれも問題文を精読するとあちこちにヒントが隠されており、高度な知識を必要としているわけではありません。でも、一語一句をおろそかにせずに読み、**「何が書かれているのか」「何がわかっているのか」「何がわかっていないのか」「何を質問されているのか」「どう考えれば正解にたどりつけるのか」**という、**論理的思考が求められています。**

たとえば、この問9では、選択肢イが正しくないことを、問4と問5の間にある「……月より大きな天体です。」という何気ない本文の文章から判断させようとしています。

また、選択肢エはカッシーニに地球の細菌やバクテリアなどの微生物が付着していて、それが小さな天体を汚染してしまうのを防ぐ必要があると気づかせようとしています。

これらの選択肢を読みながら、受験生は出題者の心の中にある科学者としての良心を感じとることになります。

麻布中の問題は、単純な難問ではないこのような良問がたくさんあるのです。

また、2017年度の理科の問題では、大問4で生物の進化に関する問いが終わった後に、次のようなメッセージが添えられていました。

「進化と聞くと、生物が優れたものに変化するように思うかもしれませんが、進化で生まれるのは『ちがい』であって『優劣』ではないのです。」

これは問題のヒントとなるものではありません。問1から問8までを解かせたあとに、学校側から受験生にメッセージを伝えているだけです。しかし、こうしたメッセージを入試問題に添える麻布中という学校は、さすがだなと思わせる魅力があります。

こうした学校側のメッセージをくみとりながら受験勉強を進めていくと、〝難問〟も〝わくわくする問題〟に変わっていくのではないでしょうか。

「算数ができるから理系」は大きな勘違い

よく「理系」「文系」などと言われますが、こうした問題を見ていただくと、単に「算数と理科が得意だから理系」「国語と社会が得意だから文系」とは、とても言えないこともわかっていただけるでしょう。「計算が得意なら理系」「暗記が得意なら文系」「算数ができる子は頭がいい」というのも間違いです。

これは中学受験に限らないのですが、**算数や理科の問題を解くときに大切なのは文系の要素だと思われがちな「読解力」などであり、逆に国語や社会の問題を解くときに必須なのは理系的な「論理的思考力」なのです。**

勘やひらめき、暗記力などではなく、きちんと問題文を読み解く力、そこから論理的に思考を進めていく力が、今の中学入試では求められています。

すべての中学校で今紹介したような難問ばかりが出題されるわけではありませんが、全体の傾向として、暗記やパターン問題をたくさんやっておけば解ける問題より、論理的な思考力、想像力を必要とするものが増えているのです。

これ以外にも、今どきの中学入試問題にはさまざまな良問、難問が出題されています。巻末に「付録」として問題を掲載したので、自信のある方はチャレンジしてみてください。

膨大にある解き方の「パターン」

全体の7～8割にあたる多くの中学校は、過去問を数多く経験していれば解けるパターン問題を主に出題します。しかし、残り2～3割の中学校はそうではありません。首都圏では男女御三家（開成中学、麻布中学、武蔵中学、桜蔭中学、女子学院中学、雙葉中学）や筑波大学附属駒場中学、駒場東邦中学、渋谷教育学園幕張中学、渋谷教育学園渋谷中学、海城中学など。関西圏では灘中学、東大寺中学、洛南中学、甲陽中学、神戸女学院中学、西大和中学などです。女子学院中学は、これまでパターン問題がほとんどでしたが、近年傾向が少し変化し、パターン問題の演習だけでは対応できなくなってきました。

パターン問題の主旨は「この問題の解き方を知っていますか?」ということですが、**最上位校の問題は、解き方そのものをイチから自分で考えることを求めています。**

もちろんパターン問題にしても、そうそう単純なものは多くありません。

中学受験算数の場合、解法の「パターン」は400種ほど。もちろんひとつの問題を解くときにパターンひとつで解けるわけではありません。いくつかのパターンを組み合わせて解かなくてはならない問題が出題されることのほうが多いのです。つまり、あるパターンを使って第一段階の数字を求め、続いて別のパターンを使って解答を求める、ということの繰り返しです。つまり、単純に計算しても400×400のパターンがあり、さらに応用パターンを加えればその2、3倍の量になるということです。

パターン問題を攻略しようとするなら、過去問を片っ端からつぶしていくことがどうしても必要になる。しかも、パターンは年々増えていきます。まずは、これらをどう効率よく攻略していくか。塾の指導の多くの時間もここに費やされます。

子どもが塾でもらってくるテキスト類、プリント類、テスト類は膨大な量で、関東の大手進学塾で小学6年生が1年間にもらってくる4教科のものをすべて積み上げると160センチ、つまりお子さんの身長を超えます。解法パターンをつぶしていくだけでも、子どもたちはびっくりするほど膨大な分量の問題をこなさなければなりません。さらに難関校になると、パターン問題以上のものが求められるのです。

親世代が小学校高学年だった時代、受験といえば授業で「できる子」「成績のいい子」が自分の能力内で勉強するものでした。今とは比べものにならないくらい入試問題が全体的にやさしく、また塾でのテキストもレベルは低く量も少なかったのです。

しかし、**20年前の難問は今の「標準」。親世代とはまったく傾向も難易度も異なる中学入試に子どもを挑戦させることの意味と、現実をよく知っておいてください。**

超難関校であれ、偏差値50前後の中堅校であれ、受験を考える以上はそうした現実を知っておかないと子どもに必要以上の負担をかけることになります。応援しているつもりが足を引っ張ることにもなりかねないのです。子どもたちが取り組んでいく多くの問題に親自身も挑戦し、理解する気構えを持って、しかも子どもを心の底からあたたかくサポートし続ける。これが、中学受験には何より必要なのです。

大学入試改革は中学受験に影響するか

2020年度から、大学入試は現在の「大学入試センター試験」に代わって、「大学入学共通テスト」という新たなテストに変わります。その中身はまだ不透明ですが、現時点でわかっているのは、従来の知識を中心としたものから、「思考力」や「表現力」を重視したものに変わるということです。

そう聞くと、「中学受験でもそれに影響されて、入試の傾向が変わるのでは？」と不安に思う親御さんもいるでしょう。実際、メディアでもそのようにとり上げているところが多くあります。

しかし、難関中学ではこれまで思考力や表現力を問う問題を出題し続けてきました。35ページにある麻布中の問題などは、まさに「思考力」が問われています。

ですから、**難関校の入試問題は今後も大きく変わることはないでしょう。変わってくるのは、中堅校やそれ以下の学校の入試問題です。**

実際、中堅校以下の学校では数年前から、「思考力入試」「アクティブ・ラーニング入試」といった新しい名称の入試が増えています。その背景には、「わが校は大学入試改革をしっかり意識していますよ」というメッセージが込められています。

しかし、ここで気をつけてほしいのは、その学校が本当に思考力や表現力を育成するアクティブ・ラーニングに力を入れているかどうかの判断です。

近年増加している思考系の入試問題を見ると、公立中高一貫校の適性検査のスタイルを真似て、単に会話文を入れているだけだったり、とりあえず記述をさせたりといった「中身のない思考系問題」も多いからです。

そういう入試スタイルを導入している中堅以下の学校は定員割れしているところもあり、生徒集めのためにブームに乗っているだけにも見えます。

そこで重要になるのが親の選択眼です。アクティブ・ラーニングというと、「生徒が積極的に参加する授業」という意味から、調べ学習やプレゼンテーション、話し合いなどをとり入れた授業というのが一般的です。しかし、実際にそれを導入して実りのある学びにできるかどうかは、先生と生徒の力量にかかっています。

形式的にアクティブ・ラーニングを授業に導入したとしても、物事を考え、意見を伝えるのに不可欠な「知識」がなければ、ただ思ったことを言い合うだけになり、発展性がありません。

開成中や麻布中、渋幕中をはじめとする難関校では、「アクティブ・ラーニング」という言葉がとり上げられる以前から、こうした授業を行っていました。難関校の入試問題に思考力や表現力を問う問題が出題されるのは、こうした「真のアクティブ・ラーニングの授業」ができる子にきてほしいと思っているから。その能力があるかないかを見極めるために入試があるのです。

近年始まった中堅校以下のアクティブ・ラーニングの授業をみていると、正直、「これがアクティブ・ラーニングといえるのか?」と、疑問に感じる学校が多いのも事実です。

学校選びをする際には、必ずその学校の授業に参加し、本物と見せかけの違いを見極めましょう。「大学入試改革」という言葉や情報に振り回されすぎないことも大切です。

求められる思考力は学校によって異なる

難関校の入試は「思考力」が求められるといわれますが、そもそも思考力とは何のことでしょうか？　算数という科目を例に説明しましょう。

難関校の算数入試には、計算などの「処理能力」を求める問題と、ある条件の中から設問に対する答えを考える「思考力」を求める問題があります。

しかし、ひとくちに「思考力」といっても、その中身はさまざまです。

たとえば、女子御三家の一つである女子学院中の算数入試は問題数がとても多く、時間との戦いであるため、処理能力が重視されています。

そうはいっても、思考力が問われないわけではありません。大きく見るとパターン問題が主流ではあるものの、ところどころに「あれ？　この場合はこれでいいんだっけ？」「いや、違うぞ」と考えさせる〝変化球〟が織り交ぜられているからです。

こうした問題を解くには、表面上の理解ではなくもう一段深い理解が必要です。それには、「なぜだろう？」と考えながら素早く答える力、パターン問題とそうではない問題を冷静に見抜く力、さまざまな問題に対してどのパターンで解けばよいかを瞬時に判断する力などが求められます。

一方、同じ〝考える問題〟でも、麻布中学などではより深い力を求められます。必要とされる知識は他の難関校に比べ最小限にとどめられていますが、問題文の題材は小学生の子どもが見たことも聞いたこともないようなもの。それを順に作業しながら考えることで、糸口がわかるようにつくられています。

このような初見の問題に立ち向かうには、パッと見ではわからなくても、**「まずはやってみよう！」と挑戦する気持ちを持つことが大事です**。そして、ただ頭を抱えて考えるのではなく、まずは手を動かしてみる。そうして、ああでもない、こうでもないと試行錯誤しながら考えていくのです。

それには、日ごろからさまざまな物事に対して興味のアンテナを張っておく好奇心と、粘り強く考える集中力を持っていなければなりません。

このように、同じ「考える」でも、学校によってその求められる程度は違ってきます。ですから、受験校選びをするときは、その学校がどのような思考力を求めているのかを知っておく必要があります。そのための対策をとることが合格への近道です。

2章

難関校合格を引き寄せる頭のいい塾の使い方

学校で100点をとっていても中学入試では10点

この章では、「塾」についてお話ししていきます。

小学生が通う塾についての印象は、人や世代によってまったく異なります。学校の授業の遅れを補い、学校の成績を上げることが主な目的の「補習塾」を考える人も多いかもしれません。どちらかというと「勉強が苦手な子」が行くところという印象で、もちろん実際にそうした塾もたくさんあります。幼稚園のころから通う人も多い「公文」、小学校の近所で長年続いている個人経営の塾、さらに個別指導塾もあります。国語や算数などに特化した「単科塾」も少なくありません。

そしてやはり大都市部で目につくのは駅前などに教室をかまえ、テレビＣＭなどでも見かける大手の塾。たとえば日能研、早稲田アカデミー、ＳＡＰＩＸ、四谷大塚などが知られています。

これらの塾は「補習塾」と「進学塾」にはっきりと分けることができ、中学受験で必要になるのが「進学塾」です。

お母さん方に、「どんなに勉強ができて、頭がよくても塾に行かないと中学受験はできないのですか？」「学校の勉強だけではぜったいに無理なんですか？」と聞かれることがあります。

「大丈夫、あなたのお子さんなら、塾など行かなくても大丈夫ですよ」とお答えできればいいのですが、残念ながら答えは「絶対に無理」です。

それがいいことか、悪いことかについては異論があると思いますが、現実的に**塾に行かずに難関中学に合格することは不可能に近い**のです。小学校の授業を完璧に理解し、通知表はオール二重丸、学校のテストはすべて100点でも、まったく受験勉強をしないままで受験すると、算数の入試問題は100点中10点もとれないでしょう。

小学校での授業というのは、すべての土台になる基礎訓練。「ひとつのことを実行すれば答えが出る」という非常に単純な作業の繰り返しです。こうした基礎訓練は非常に大切ですが、残念ながら基礎訓練でさえ学校の授業だけではまったく量が足りません。

進学塾は、まず圧倒的に不足している基礎訓練部分を補う役割を担い、さらに発展的な学習を指導します。

未知の難問に挑んでいけるのが本当の頭の良さ

塾での発展レベル問題の学習にはふたつ以上の「作業」が必要になります。つまり算数ならAという数値をまず求め、それを利用してBという答えを出すというものや、AとBという数値を並列的に求め、その両方を使ってCという答えを導き出す、といったものです。

こうした問題を解くには「まず問題文で何がわかっているのか」を正確に理解し、「そこから最初にわかることは何か」「それがわかると次に何がわかるのか」と、問題文から解答に向かっていく道筋を考える力が必要になります。

それと同時に、「解答を導き出すには何が必要で、それを知るには何がわかればいいのか」と、結論から逆に戻っていく考え方も必要になってきます。

こうした考え方は訓練しないと身につきません。しかも、難しい問題をたくさん解いて解き方を覚えればいいというものでもありません。問題集を買ってきて自宅で解答を見ながらひたすら解き続けても、今の中学受験は突破できないというのが現実です。

「Aという問題はできたけど、同じレベルのBはできない。そこでBのパターンを覚えたけど、AとB両方を利用するCはできない」ということが起きて、難易度の高い初見の問題はどれも解答を見ないと解けないことになってしまうのです。

特定の難問の解法を授業で習い、その場では理解できたとしても、それを再現できないのでは意味がありません。その道筋を自分で再現し、人にも説明できなければ、本当の意味で「わかった」ことにはならない。つまり、単に情報をインプットするのではなく、それを自らアウトプットする力が必要なのです。

これが本当の意味で「わかった！」「納得!!」ということであり、その経験があってはじめて、勉強というのは面白くなります。その納得が積み重ねられると、これまで見たことのないようなパターンの問題に出会っても、なんとか挑戦し、粘って考えようという姿勢そのものが身につきます。**大量演習型学習や暗記学習というのはインプットの一方通行訓練ですが、そこから先で必要になるのはアウトプット型の訓練です。**

学校の授業でフォローできないこうした部分を指導するが塾の役割なのです。ところが、大量演習の繰り返し学習だけで終わってしまう塾が多いのです。

国語の素材文は大学入試と見間違えるほど

算数は無理でも国語なら塾に行かなくてもなんとかなるのでは、と思うかもしれません。たしかに、非常に優秀なごく少数の子なら、受験勉強をまったくしなくても国語入試問題で30点くらいはとれるかもしれません。算数よりは点数がとりやすいとも言えますが、合格ラインには届かないでしょう。

どんなに読書が好きでたくさん本を読んでいたとしても、それは中学受験に直接的に役立つようなものではないからです。

国語の入試問題の難しさというのは、難解な漢字が出るというようなことではありません。素材になる問題文の質が、普段子どもが接するようなものではないのです。文章の抽象度が非常に高度で、特に5年ほど前から国語の素材文は急激に難しくなっています。

女子御三家のひとつ、桜蔭中学の国語では、「虚構の美とは何か」「物質の堅牢性のなかに記憶の継承の保証を求めた」といった、非常に抽象度の高い表現を含む文章が取り上げられています（高階秀爾『日本美術を見る眼』より出題）。

こうした表現を含む文章で、式年遷宮で20年ごとに建て替えられる伊勢神宮とヨーロッパの石像などのモニュメントの違いや、その思想的な背景が述べられており、一読すると大学入試問題ではないのかと思えるほどです。

実際に中学入試では大学入試と同じ素材文がしばしば使われます。しかも解答は（桜蔭に限らず）記述式が多く、大人でさえ手も足も出ない、というようなケースが多いのです。

要するに、普通の読書好きの小学生が手にとって読むような本ではなく、普段はまず触れることがないような文章が素材として提示されるのです。

抽象度がこれほど高くはなくても、子どもの普段の生活や経験の範囲からは想像しにくい、古い時代を描いたものが出題されることもしばしばあります。

また、多くの子どもたちが苦手とするのが、「普段出会うことがない登場人物が出てくる文章」です。たとえば、主人公の母親が過去に離婚して再婚し、義理のお父さんがいるといったシチュエーションです。子どもにとって、「義父」を想像することはとても難しいのです。同じ経験をしている子どもは多くないので当然といえば当然ですが、入試問題では「義父」や「義父を持った主人公の気持ち」が理解できる、「父親が違うきょうだいの関係」を想像できる、といった力も求められます。

経験から想像するのではなく、素材文の内容を論理的に考えて関係を想像し、感情を類推することが必要です。こうした場合はまず登場人物をすべて書き出させ、家族の図を書かせていく。そのうえで文脈をたどり、段落ごとのつながりを考えさせながら、「こういう気持ちになるのではないか」という心理理解につなげていく必要があります。

読書好きでたくさんの本を読んでいる子にとっては、前述の論説文よりこうした心情理解を求める物語文のほうが解きやすいかもしれません。しかし、理解した心情を記述式で（250字以内）、しかも限られた時間内に書くことは容易ではないでしょう。

感情を記述する場合には、その情景も書くというのが原則です。つまり、情景描写を通して作者は感情を表しているので、感情表現の元である情景描写も答案に書く、ということになります。たとえば夕暮れの情景描写があったら、それがどんな感情を表しているのかを読み取ることが必要です。夕暮れの情景に登場人物の心理状態が投影されているなら、たとえば「寂しさ」といった感情につながる言葉が情景描写のどこかに書かれているはず。それを読み取り、さらにその感情が主人公のものなのか、あるいは夕暮れを見ている登場人物のものなのか、その感情はどうつながっているのか、こうしたことを理解したうえで、「夕暮れの情景」の意味についても、制限文字数内に記述する必要があります。

理科と社会も独学では決して合格点に達しない

理科と社会の入試問題も、暗記ではとても手に負えません。もちろんかなりの部分は暗記も必要になりますが、それだけでは解けない問題がたいへん多いのです。

社会に関してだけは、並列知識の丸暗記で偏差値55程度まではいけますが、それ以上のレベルには対応できなくなります。**必要とされるのは、「カテゴリ分け」の知識。**たとえば、豚、鳥、牛といった話が出てきた場合に、それが畜産業についての設問であることをすぐに理解できないと、何を問われているのかがさっぱりわかりません。暗記が必要でありながら、論理的な思考力も要求されるのです。

理科については、1章で麻布中学の過去問をご紹介しました。これほどのレベルのものばかりではありませんが、偏差値50以上の中学の場合、小学校の授業だけ、もしくは参考書の独学と親の指導だけで合格点に達するのは困難です。

受験算数に必要な二つの学習

中学受験において算数は最も重要な科目です。特に難関校の入試では、算数の得点で合否が決まるといっても過言ではありません。

難関校の算数には二つの学習が必要になります。一つは中学受験に必要なテクニックを使って正解を出す「**スピーディーな学習**」。もう一つは、テクニックの理由や原理を探る「**スローな学習**」です。「覚えること」と「理解すること」の二つが必要なのです。

「スピーディーな学習」とは、できる限り短い時間で正確な答えを出すことを目的としたもの。たとえば計算練習や基本的な一行文章問題の演習です。計算問題を正確に早く解くには、正しい手順の通りに実行することが大切になります。途中で数字をメモすることを省いたり、筆算すべきところを暗算したりすることがミスを引き起こします。

一行文章問題のほとんどは、「このタイプの問題はまず線分図を書いて、線の長さの差に注目して……」というパターンで解くことができます。ここでも、線分図を書くのが面倒だからと頭の中だけで処理をすると、ミスをしたり途中でやり方を見失ったりします。スピーディーな学習とは、正しい型をくり返す作業だと言えます。

一方、スローな学習は長い文章の応用問題や複雑系の問題を試行錯誤しながら解くときに必要です。問題文が指示している通りにやっていく過程で何らかの規則を見つけたり、過去にやったことがある解き方の類似に気がつく。

図形問題では、問題文に書いてある条件を図にすべて写しとる。その後必要かもしれない補助線を引いてみて、何かに気がつくかどうかを考える。それでも糸口が見つからなければ、「今わかっていることから次に何がわかるのか」「答えが出るためには、そのひとつ前に何がわかっていなければならないのか」と考える。どのようにしたら自分が知っている解き方や公式に結びつけられるかを推測する学習です。

このスローな学習では、**まず手を動かして〝何か〟を書いてみることが大切です。**文章題では「数字をメモしてみる」「線分図や面積図に表してみる」「表にまとめてみる」。図形問題では「わかっていることを図に書き込む」「別の方から見た図を書いてみる」「補助線を引いてみる」。これらのことがとても大切になります。自分が書いた数の並びや図がヒントになるからです。

そのとき、次の手順で考えていくと答えが見つかりやすくなります。

①仮定―今、何がわかっているのか
②結論―何を聞かれているのか
③何を書けば解けそうな気がするか

「今わかっているのはこことここの角度。ここに補助線を引いたら何かがわかるかも……外角の定義はこうだから……ということは、ここは○度ってことか！」。そうやって自問自答しながら手を動かしてみる。そうすれば必ず答えが見つかりやすくなります。

一方、そのように考える基盤となるのが、直角三角形の定義や外角の定義、角図形の面積の公式、線分図の面積図、てんびん図、ベン図の使い方などの、単元で必ず覚えておかなければいけない「知識」。それらを覚えるのが「スピーディーな学習」です。

つまり、**算数には覚えなければならない「知識」と、考えるための「思考力」の両方が不可欠です。**学習するときは、「計算問題だから素早く正確に」「複雑系の問題だからじっくり考えてみよう」というように、頭の使い方を変えていく必要があります。

計算問題には時間をかけない。文章問題や図形問題など思考力が求められる問題のときは、まず手を動かしてみる。そうやって、一つひとつの問題に対して、「今はこのやり方で解く」と意識して取り組むことが大切です。

覚悟なしに中学受験を始めてはいけない

塾でこうした学習を重ねないと合格できないという現実――。こうした状況で子どもに中学受験をさせるべきか否か、現在の学校・塾のありかたがそもそも正しいのか、ということについては多くの議論があり、家庭の意見もさまざまでしょう。大都市部と地方、または世帯収入による「教育格差」が生まれているという問題も指摘されています。

私は長年の塾講師や家庭教師としての経験から、動機や目的に違いはあっても、子どもに中学受験をさせようとお父さんとお母さんが決めた以上、その受験勉強が決して子どもをつぶしてしまうようなことがあってはならないし、志望校を決めたのならぜひ合格させてあげたいと思っています。塾や家庭教師は、それを支援する必須の「道具」なのです。

ただ塾に入れる前に、どうしても知っておいてほしいことがたくさんあります。

まず、道具である塾についてよく知り、子どもに合った塾を選び、それをうまく使うということ。「有名な塾ならどこでも同じだろう」「入れてしまえばあとは安心」というような考えでは、決していい結果にはつながりません。

「学校ではあれほど優秀だったのに、進学塾ではついていけなくなってしまった……」「最初は張り切っていた子どもが『もう塾には行きたくない』と泣くようになってしまった……」「受験をすると決めたら家庭内がギスギスして、夫婦げんか、親子げんかが絶えなくなってしまった……」。こんな事例はいくらでもあります。**よかれと思って始めた中学受験が原因で子どもが体や心をこわしたり、夫婦関係、親子関係までが歪んでしまったりするようなことだけは避けてほしいのです。**

まだ幼い子どもに厳しい受験勉強をさせるのですから、どんな子でもある時期は頭も体も心も限界近くまで追い込まれることになります。支える家族もかなり辛い思いをすることが多いでしょう。それでも、家族で掲げた目標に向かって努力し、受験勉強のなかで身につけたことは、たとえ思い通りの志望校に合格できなかったとしても、必ず子どもの人生に役立つと私は信じています。

中学受験とは、学校に通いながら塾にも通い、毎日予習復習、宿題をして、1年で背丈を超えるようなテキストをこなしながら、学力テストを何十回も受け、その点数、偏差値に一喜一憂せざるを得ないという「生活全体」を指します。

親と子どもの生活で大きな比重を占めることになる塾に、いったいいつから通わせるべきなのか、どうやって選ぶべきなのか。まず、スタート段階でつまずかないためのアドバイスをさせてください。

個人塾でなく大手進学塾をすすめる理由

まず塾の選び方についてです。同じ進学塾でも大手塾と個人塾がありますが、**本気で受験を考えるなら大手をおすすめします。**

個人塾の場合は1クラス3～10人程度の場合が多く、子どもの習熟度に合わせたきめ細かい指導がしやすい、というメリットがあります。規模が小さくても質もレベルも高い塾はありますが、一般論としてどうしても講師の力量と熱意だけが頼り、ということになりがちなので、「当たり外れ」が大きいといえます。個人塾を検討している場合は、地元の評判はどうか、学習カリキュラムがきちんとできているか、どんな中学の受験を得意としているか、などについてよく調べておくことが大切です。

大手塾の場合、クラスの人数は15〜30人。当然塾内での競争は厳しくなりますが、そのぶんライバルが多く刺激になる、ともいえます。講師の質については、大手でも個人差はありますが、一定レベル以上であると考えていいでしょう。

大手塾の最大のメリットは、受験までに必要なカリキュラムがしっかりとつくられていることです。これは単にスケジュールという意味ではなく、教材として使うテキストと、それに付随して行われるテストがきちんとそろっているということ。平日用のものだけでなく、土日特訓用、夏休み特訓用、志望校別特訓用、と数多く用意されています。

小規模な塾でもこうしたカリキュラムを用意しているところはありますが、大手の塾で使うテキストは定期的に改訂され、最新の入試問題にも対応できるようにつくられています。独立系の塾、個人経営の塾だと、熱意はあってもそこまで時間と力を割いてテキストをつくる余力はまずありません。個人経営の塾でも少数ながらこうした努力を続けているところはありますが、かなり例外的だと言わざるを得ません。

小規模な塾の情報が少なく実情がよくわからないという場合は、大手塾を選んだほうが無難です。学校の授業がしっかり理解できず補習が必要だという場合は別として、中学受験対策を求めるのであれば、大手塾の中から検討することをおすすめします。

「コマ割り」は将来の分まで確認しておく

大手塾といってもそれぞれに特徴があり、それを知っておくことも大切です。

「ＳＡＰＩＸ（サピックス）」「早稲田アカデミー」「日能研」「四谷大塚」の４つが最大手ですが、それぞれに特徴があります。それ以外の塾でもそれぞれに特徴があり、特に関西系ではそれが顕著です。最大手の４つを始めとして、まず関東の塾はいわゆる拘束時間がそれほど長くありません。大手進学塾に通う、小学校６年生の時間割を見てみましょう（小学校5年生の2月～6年生の2月まで）。

◎首都圏・関西圏の大手進学塾の時間割（例）

	月	火	水	木	金	土	日
A塾		算数 国語		理科 社会		土曜特訓 算数・国語	日曜特訓
B塾		算数 国語		理科 社会	算数 国語	テスト テスト解説	日曜特訓
C塾		算数		理科 特別算数		社会 国語	日曜特訓
D塾	算数 国語	理科 社会	単科ゼミ	算数 理科		土曜特訓 土曜テスト	日曜特訓
E塾	算数	社会	理科	理科	国語 算数	国語特訓 算数特訓	日曜特訓
F塾	国語	算数			社会 理科特訓	国語特訓 算数特訓	日曜特訓

ここには関西系、関東系両方が含まれていますが、いずれにせよ週4〜7日は塾。1コマはほとんどが60分です。

単純に「塾に行っている時間」（拘束時間）だけを比較すると、首都圏の場合はあまり差がないのですが、関西系の塾は長いという傾向があります。

拘束時間について比較したい場合は、まず入塾を検討するときに、現在の学年が4年生であれば、その時間割例を確認し、さらに5年生、6年生の時間割も同時にもらっておくべきです。「最初は週1回からでもいいですよ」などと塾で言われることは多いでしょうが、それがやがてどうなるのか、ということを把握しておくのです。

もちろん土日特訓、夏期講習が始まった場合の拘束時間についても最初の段階で聞いておきましょう。子どもの体力だけでなく、親が子どもとともに入試に費やせる時間、気力や体力なども考慮して検討することが大切です。**たとえ拘束時間が短くても、「塾にまかせっぱなし」では中学受験は決して成功しないので、まず親が基本的なスケジュールに対応できるかどうかを見ておいてください。**

塾のテキストはここをチェックする

テキストも塾によって大きな違いがあります。

ＳＡＰＩＸの特徴は、テキストが毎週1冊ずつの小冊子だということ。そのため改訂が容易で、最新の入試傾向に合わせた対応がしやすいのです。他の3つの大手進学塾もしっかりとした分厚いテキストをつくっていますが、そのぶん頻繁に、臨機応変に改訂するわけにはいかないため、ＳＡＰＩＸの「機動性」に劣る部分があるともいえます。

ただ、四谷大塚が使っている「予習シリーズ」は非常によくできています。市販もされており、これをテキストとして利用している塾もたくさんあるくらいです。このテキストがすぐれているのは、「物語性」があって子どもが読んで楽しめる点です。

特に理科・社会について比較するとはっきりわかりますが、事実の羅列にとどまらず、「なぜそうなるのか」という物語があります。「物語があるテキスト」というのは、大人が読んでも楽しいもので、しかもフルカラー。

よくできた塾のテキストというのは、単に難しい問題を並べた過去問集とはまったく違います。テキストに限らず、塾の先生はいかに子どもたちを授業で楽しませ、難問にも喜びながら取り組ませるかが腕の見せどころです。単にダジャレやギャグを飛ばすようなことではなく、**授業を聴くことがマンガを読んでいるより面白く、難問に取り組むことがゲームより楽しく、「わかった！」「なるほど！」という感覚が何よりうれしいという感覚を経験させることが、一番大切なのです。**

こうした姿勢は、塾のテキストにはっきりと表れます。ですから過去の各塾のテキストをこうした観点できちんと比較して、塾を選ぶポイントにしてみてください。

また、塾の授業中にノートをとることになりますが、テキストと別にノートを用意するより、テキストの余白に直接書き込むことをすすめる塾もあります。自由に書き込めるスペースがテキストに十分に用意されているか。こうした部分も、先輩ママから借りることができるようなら、実際のテキストを確認しましょう。

テキストは最上位の子どもに合わせてつくられる

実際に大手塾のカリキュラムを見れば、かなりの難易度と量が要求されることはすぐわかると思います。しかし、もうひとつよく知っておいていただきたいのは、**これらのカリキュラムというのは、最上位の生徒、最難関校を目指す生徒を基準としてつくられている**という事実。このカリキュラムをすべてこなし、どんどん進んでいく授業についていくことができれば、塾が宣伝文句に大きく記す「御三家◯人合格」といった人数に入れる可能性が高い、ということなのです。

しかし、どれほど難関校合格者の数字が大きく書かれていても、それはその塾で学ぶ子どもたちの、ごくごく一部にすぎないのです。

大多数の子どもは、そこまでには至りません。つまり塾が用意するカリキュラムすべてについていけない子どもも多くいる、ということです。塾生全員が超難関校を目指すわけではないので、それぞれの塾はレベル別にクラス分けされています。大手塾のこのレベル別クラス編成という仕組みによって、塾のテキストをすべてこなさなくても、多くの子どもが難関校や中堅校に合格できるのです。

志望校のレベルによっては「この問題は解けなくてもかまわない」というものもたくさんあり、その見極めをするのも塾の役割。ですから、テキストの難易度にあまり不安を感じる必要はありませんが、基本的に進学塾のカリキュラムというのは、「最上位の子ども」を対象としているということは知っておいてください。

塾によっては雰囲気が合わないことも

拘束時間やカリキュラム以外でも、塾によって雰囲気は大きく違います。

早稲田アカデミーの場合は、わかりやすく言えば「体育会系」。どちらかと言えばパターン型の問題をガンガンやって頑張れ!!　というタイプです。子どもが体育会系のノリについていける体力、気力がある場合はいい選択です。また、たとえば発展的な内容よりパターン型の問題が多い付属系の中学を狙うような場合にも、向いていると言えるかもしれません。「根性で大量演習！」というスパルタ型が効果を発揮しやすいからです。ただし「体育会系」なので、宿題をやっていかないと授業で怒鳴られることもめずらしくありません。こういう「ノリ」が苦手な子どもには苦痛にもなりうるので要注意です。**対象とする志望校のタイプや難易度を考えたうえでの選択も必要になります。**今お話ししたように「大量演習型」「体育会系」は、付属中学受験で効果が出やすいといえますが、全員に向くわけではないので注意が必要です。

関東と関西の違いについてもお話ししておきましょう。

一般的に、関西の有名中学入試問題は関東より算数と理科のレベルが非常に高くなっています。また、関西は入試科目に社会が含まれていない場合が多いのも特徴です。国語の問題だけは関東のほうがずっと難しいのですが、全体の傾向としては、関西の難関校の入試問題のほうが、関東より質も高くレベルが高いと言っていいと思います。

塾の雰囲気や、勉強法にもかなり違いがあります。

たとえば関西系で首都圏にも進出しているある塾などは、拘束時間が非常に長い。小学4年生でも週4日は当たり前で、しかも帰ってくるのは夜10時くらい、という子も少なく

◎塾選びの極意【関東編】

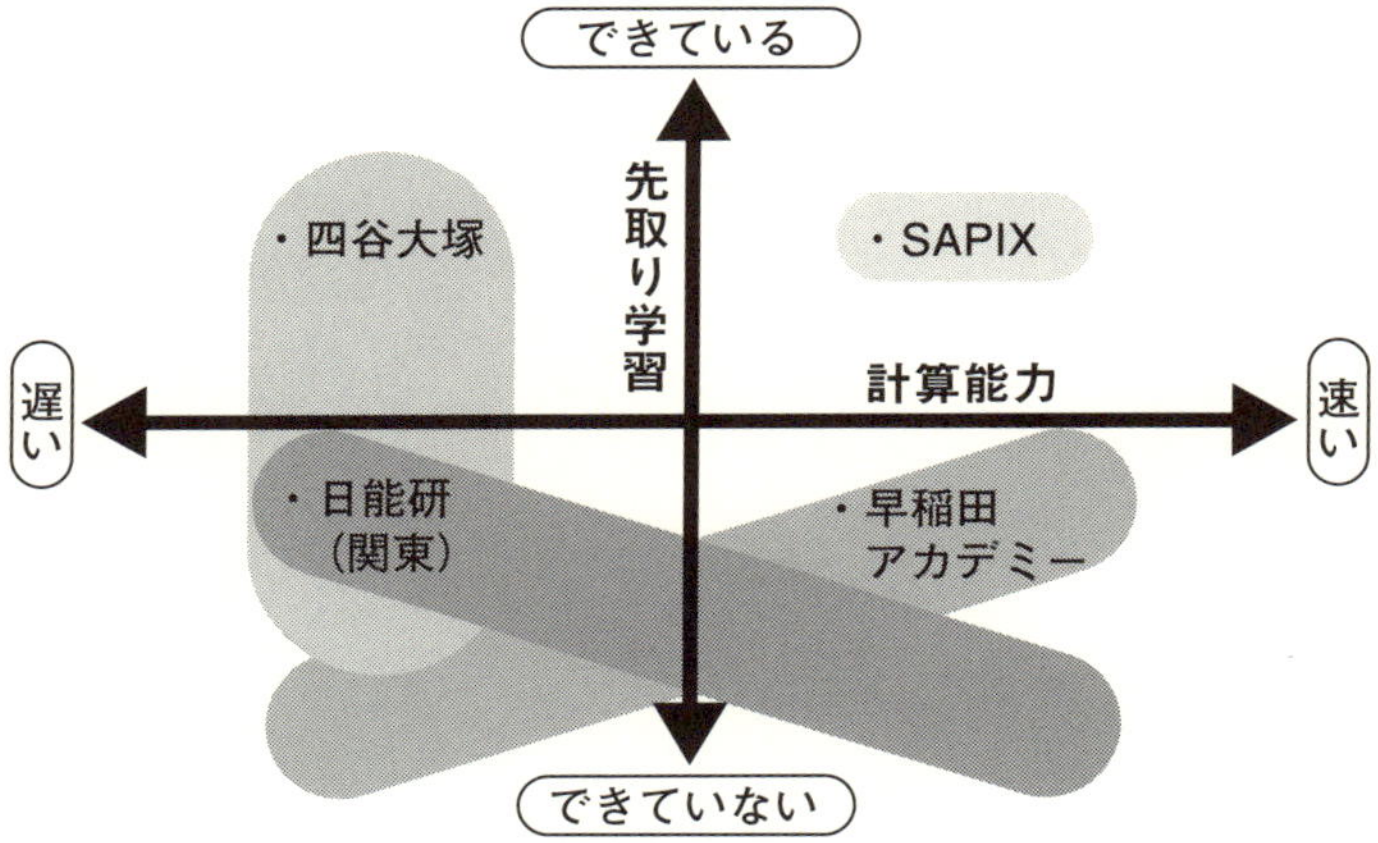

※先取り学習＝小５進級時に小６の教科書履修済み

◎塾選びの極意【関西編】

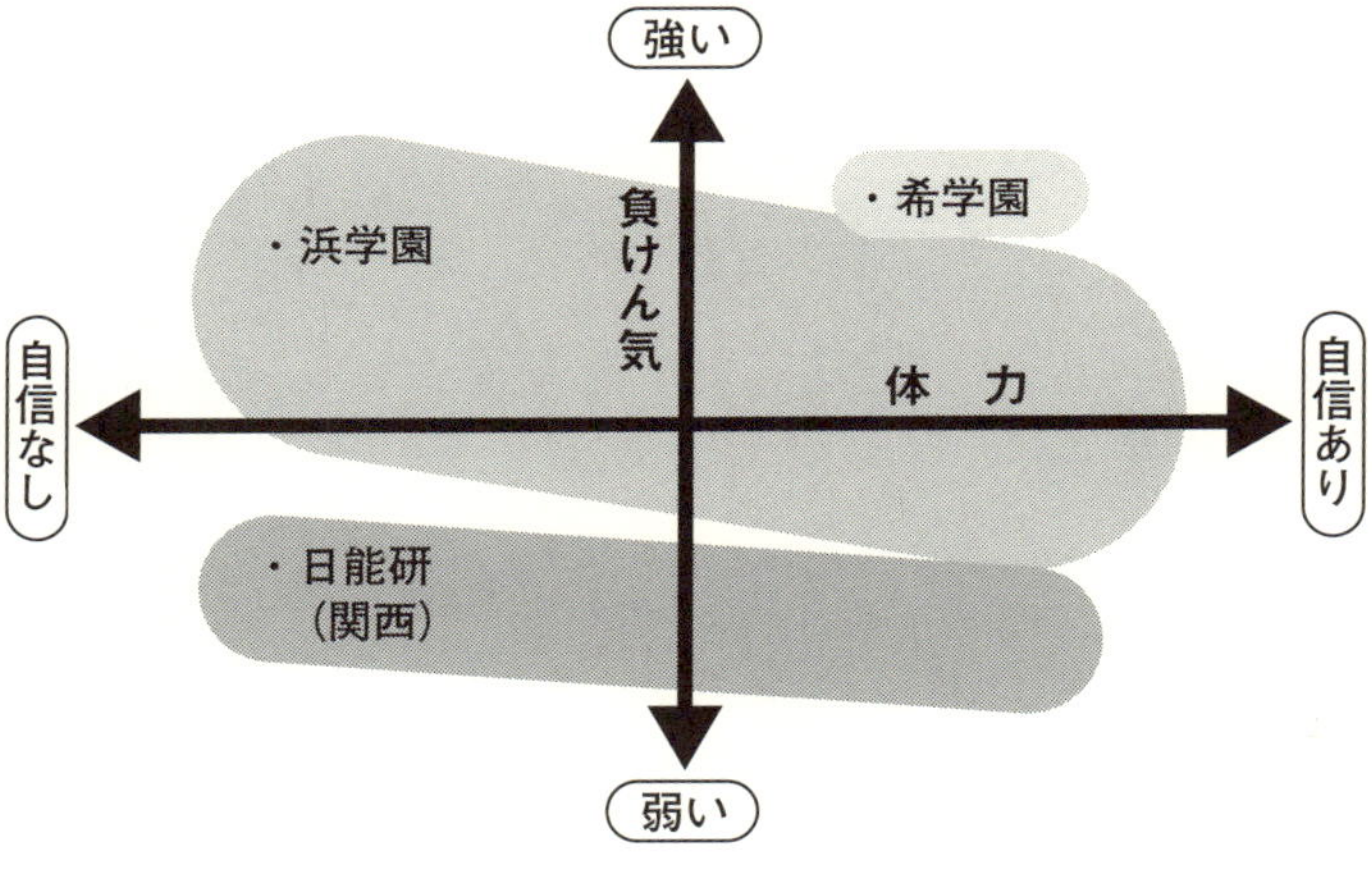

ありません。夏休みともなればお弁当ふたつ持ちです。こうした塾は、「子どもの勉強は塾で丸抱えしますから、家では面倒を見る必要はありません」という方針です。自習時間もあるのですが、それも「強制」。私自身はそのやり方には賛成できないのですが、こういう考え方の塾もあるのです。

もちろん、子どもの性格や体力によってはまったく向かない場合もあります。全体として、関西系の塾のほうが拘束時間が長く、「丸抱え型」が多いと考えてください。

大量暗記に走りやすい関東 暗記に頼らない傾向の関西

学習カリキュラムも関東、関西で違いがあります。関西系の多くの塾は5年生のうちに入試に必要な単元をひと通り終わらせてしまうことが多いのですが、関東系の塾は6年生の7月まで使います。関西系カリキュラムは6年生の1年間をまるまる志望校別対策、レベルアップに使うことができるようになっています。関東型は基礎訓練にじっくり取り組めるということですが、超難関校向きなのはどちらかといえば関西系でしょう。

もうひとつ大きな違いとして、**関西の場合は勉強時間が関東より長いにもかかわらず、暗記学習に走らない**ということが挙げられます。関東の子どもたちは大量演習・暗記型に走る傾向がとても強いのですが、その一番の理由は、関西の入試には女子最難関の神戸女学院中学や四天王寺中学校などを除き社会科がない、あるいは選択で社会のない3教科受験が可能になっていることだと考えられます。

関西の難関中学入試は「国語・算数・理科」の3教科型入試がほとんど。社会だけは、かなりの比重で暗記をせざるを得ないので、努力をすればそれなりの点数は稼げます。関東の子どもの多くは、「とりあえず暗記で1教科を上げておこう」という努力をしがちです。これが、他の科目の学習方法にどうしても影響を与えてしまうのかもしれません。

関西の難関校を目指す受験生は暗記に頼れる科目はひとつもないことがわかっているので、レベルの高い入試問題に対応するために、必要な力を鍛えることに大きな時間を費やすことになります。

優秀な講師は「解き方」のバリエーションをもっている

私は関東で塾講師の仕事を始めましたが、その後関西で長く仕事をすることになりました。まだ若い時分でしたが、かなりの自信を持って関西の塾に行ったとき、実は先生方のレベルの高さにびっくりしたのです。

関東では算数、理科の主任だったし、カリキュラムの組み直しも担当していました。特に算数には自信があって、「関東でオレほど優秀な算数の講師はいない」くらいの勢いだったのですが、実際に仕事を始めてみたら関西の先生にかなわないのです。

ひとつの授業をふたりで受け持つという方式で、ひとりは基本概念導入を担当し、もうひとりが応用演習を担当するのですが、どちらを担当してもかなわなかった。「負けた～」と当時は思いました。「負ける」というのは単純な話で、生徒がついてこない、つまり「人気で負ける」ということです。生徒は本当に正直かつ冷酷ですから、よりわかりやすい先生、より授業を楽しませてくれる先生についていきます。

「なぜだろう?」とほかの先生の授業をそっと盗み見て研究しました。関西系の先生はまずとてもパフォーマンスが上手く、一瞬にして子どもたちの心をつかんでしまう。それに加えて、なんといっても解法の種類をものすごくたくさん知っているのです。これにはびっくりしました。関東より難易度の高い算数、理科については圧倒的でした。単にパターンをたくさん知っているということではなく、関西で出やすいひねくれた問題についても、上手に解く引き出しをたくさん持っているのです。同じ問題を解くにしても、ある解法より「もっとスマートな解き方」「もっとカッコイイ解法」を教えることもできます。

こうした「極意」は、先輩の先生に直接聞いても教えてくれません。昔の職人と同じで盗むしかありません。廊下を通りかかった際に、そっとその授業を窓から盗み見たり聞いたりして、勉強しました。1年勉強してやっと関西の先生たちに追いつき、それからは負けない自信がつきました。

今の入試問題の流れは、まず関西の中学でこれまでになかったような新傾向の問題が出て、数年後に関東でも出されるということが多いのです。

入塾テストは「3年生の1月」に受けるのがベスト

さて、中学受験を志し進学塾に通うなら、いったいいつから通い始めて、その前にどんな準備が必要なのでしょうか。この本の冒頭で「5年生になったから、そろそろ塾に行かせて中学受験をさせてみよう」では遅い、と書きました。

理想を言えば、中学受験を目指す進学塾に通うのは、「3年生の2月から」がベストです。つまり3年生の3学期が終わる少し前。**4年生の1学期が始まる前の春休みには、塾での学習を始めているという形が、もっとも望ましい**ということになります。

塾の「新学期」は4月ではなく2月ですから、2月から通うのが一番効率がいいのです。もちろん4月、5月、6月という入塾もあり得ます。テキストは先に進んでいますが、塾のカリキュラムは少しずつ難易度を上げながら各分野を学習し、ひと回りするとまた同じ分野に戻ってきます。したがって、2月、3月に塾の授業を受けていなくても、4月からの授業についていけない、ということはありません。

ただ、もっとも適切なのは2月から通うこと。しかも、その段階で**できる限り上のクラスからスタートできるようにしましょう。**

さきほど、塾に入るにも準備がいると書きましたが、これはどの塾でも同じことです。最初に入塾試験があり、その結果によって「入塾そのものの可否」そして「クラス分け」が行われます。場合によっては、一番下のクラスにも入塾できません。

まだ子どものレベルが把握できていないという場合は、複数の塾の入塾試験を受けたほうがいいでしょう。たとえば、ＳＡＰＩＸは難関校に強く、日能研は中堅校に強い、とされています。こうした実績から、ＳＡＰＩＸには入塾テストの段階からレベルの高い子が集まってくる傾向があります。

ということは、複数の塾の入塾試験を受けると「Ａ塾では下のレベルのクラスにしか合格できなかったのが、Ｂ塾では上位クラスに入れた」ということが起こるわけです。

進学塾に入るのであれば、入りたい塾の入塾テストの前に、別の塾の入塾テストをふたつくらい受けることをおすすめします。その時点での学力がより正確にわかりますし、子どもにとっては塾のテストのレベルに慣れたり、試験時間の使い方が上手になったりするという効果があります。

本当に重視すべきは「合格者数」ではなく「合格率」

「○×塾は御三家の合格者数が多くレベルが高い」という言葉に影響され、通っているだけでステイタスを感じるといった〝思い込み〟はとても危険です。

進学塾にとって、何より大切なのは「難関校への合格実績」です。塾のパンフレットにも載っていませんし、保護者説明会でも決して語られませんが、**塾がもっとも大切にするのは、入塾者の上位10％の子どもたちです**。なるべくたくさん生徒を集めて、なるべくたくさんの優秀な子たちに難関校を受けてもらうことが大切なのです。

受験というのは確率の世界でもありますから、同じ塾から多くの生徒が受験すれば合格者数も増えます。簡単に言えば、「数撃ちゃ当たる」ということです。「開成中合格者数○○名!!」という謳い文句を見ればわかる通り、塾の最大の興味は「難関校の合格者数」。それだけです。

親からすれば、本来は合格者数より受験者数に対する合格者数の割合、つまり「合格率」のほうが大切なのですが、これは入塾前の説明会では資料として配られません。入塾後になると詳しく出す場合もあります。たとえば「最上位クラスの平均偏差値はいくつで、Aくん（個人名は伏せられています）はどことどこを受験してどこに合格し、どこが不合格だった」といったデータです。しかし、こうしたデータを出す場合も、それは上位クラスに限られるのが普通です。というのも、どんなに「御三家合格〇〇人！」を謳う塾でも、下位のクラスでは不合格だらけのデータになってしまうからです。

つまり、たくさん生徒を集めて「ちょっと無理じゃないか」というレベルの子どもにも難関校受験をすすめる、ということが実際に行われているのです。大量に受験すると、ちょっと無理っぽかった子どもの中にも、合格する子がわずかながら出てきます。ですから、「お母さん、去年は塾内で120位以下だった子が開成に合格したんですよ。お子さんは100位ですからチャンスはあります！」ということを言われることもあるのです。実際、120位で合格した子がいたというのは事実でしょう。しかし、それはものすごくまれな例で、はるかにたくさんの子どもが不合格になっているのです。

つまり「レベルの高い塾」と思われていても、それは「難関校合格者の人数が結果的に多かった」というだけで、同時に「不合格者も多かった」わけです。**合格者数の多い塾に**

入れば子どもが合格する確率が上がる、というわけでは決してありません。

そういう仕組みで塾は運営されているのですから、テキストもまた「上位10％の子どもたち」が楽しく、面白く学習できるようにつくられているということを知っておいてください。複数のレベルのテキストが用意されているとしても、その塾が最も力を入れてつくっているのは上位向けのカリキュラムとそれに合わせたテキストなのです。

下位クラスの生徒は「お客さん」扱い

だからこそ、「一番上のクラスで入れる塾を選びなさい」ということなのです。

レベルが高いと言われる塾にビリですべり込むよりは、上のクラスで入れる塾のほうがずっといいと思います。

レベルが高いと言われる塾でも、一番下のクラスで受験を迎えれば、中堅校さえ合格できないということもめずらしくありません。もちろん、偏差値40を切るような中学を受験すれば合格できないことはないのですが、レベルの高い塾に通っている子どもは、下位クラスであっても偏差値の低い中学をいやがることがほとんどです。

偏差値が低い中学をあえて受験する場合というのは、「ご褒美」のような意味合いのこともあります。もともとの志望校よりずっと偏差値の低い中学でも、「せっかく頑張ったんだから、ひとつだけは合格させてあげましょう。入学するしないはともかく、ご褒美に成功体験を」と塾側にすすめられることが多いのです。

というのも、第一志望よりずっと下の学校でも、実際に合格すると「ともかく受かったんだから」と入学するケースのほうが多いのです。すると、親から「高い授業料を払ったのに志望校に合格できなかった。塾の指導が悪い」というクレームはまずきません。

塾の「下位クラス」には、表にはほとんど出てこないこのような事情もあるのです。

下位クラスで入塾しても、「塾に入ってから頑張って実力を伸ばせばいい」と思われるかもしれません。もちろん塾側も「基礎からしっかり学習すれば、どんどんクラスが上がっていきますよ」と説明するでしょうが、実は**塾に入ってからクラスを上げていくというのは、それほど簡単なことではない**のです。

もちろん塾の先生たちは、下位クラスの授業であっても手を抜いたりはしないでしょう。しかし大手進学塾で、すべての生徒に個別対応し、少しでも実力を伸ばしてやるといったきめ細かい指導をすることは不可能です。また、クラスを決める組み分けテストに出題される応用レベルの問題を、下位クラスでは授業中に扱ってもらえないこともあります。しかも、上位クラスの方が算数の授業時間数が多い塾まであります。

下位から上位にクラスを上げていくには、並々ならぬ覚悟が必要だということをおわかりいただけると思います。どうしても、「生徒」というよりは「お客さん」の扱いになってしまうことが多いのです。

入塾の準備は3年生の11月からスタートする

入塾の段階で、とにかくできる限り上のクラスに入っておくことの大切さはわかっていただけたと思います。

さて、そのためには当然「準備」が必要になってきます。中学入試では塾に入るよりもっと前、小学校に入学したところからが本当は大事なのですが、まずは小学4年生から進学塾に通う場合、その「直前」の準備について知っておきましょう。

進学塾の授業についていくには、どの塾の場合も、入塾する段階ですでに基礎訓練がかなり先行している必要があります。算数の問題については、計算問題でも1学年先のものがすでにできる、ということを要求されます。教科書の学年配当部分だけでなく、1学年先まですでに学習を終えておかなくてはならないわけです。

中学受験を検討する場合、「学校の授業であやふやな部分がある、ついていけない」という状態では基本的に無理です。しかし、**学校の授業が完璧に理解できていて、テストが満点でも入塾試験で上位になれるわけではありません。というのも、大手進学塾ではそういう子どものほうが多いからです。**

そのなかで、まずは上位クラスにすべり込むために、「入塾試験対策」が必要になります。すでにお話ししたように、塾の新学期は2月。4年生から塾に行くという場合、3年生の2月から通うことがベストで、そのためには1月に入塾テストを受ける必要があります。入塾テストは随時行っているので2月、3月に受けることもできますが、ぜひ1月に受けて、2月から通うことを念頭に準備しましょう。

この時期に受けたほうがスムーズに授業についていけますし、上位クラスに入れる可能性が高くなるからです。

そして1月の入塾テストを受けるには、その2、3カ月前、つまり3年生の備する必要があります。自宅で親がフォローしながら問題集を解く、というのが、一般的には『自由自在　小学3・4年』（受験研究社）がおすすめです。とそれ以外にほとんど選択肢がありません。

入塾テストは算数と国語の2科目ですから、『自由自在　小学3・4年』の国語と算数をそろえてこれに取り組みます。

国語では小学校の国語の授業で扱うものよりずっと長い文章を素材文に使うので、これに慣れておくことが大切です。学校のテストでは教科書の文章をそのまま使いますが、初めて読む長い文章から設問が出題されるテストにいきなり挑戦すると、面食らってしまうかもしれません。算数も学校のテストよりずっと問題数が多く、レベルも高いものが多くなるので参考書で準備しておきましょう。

また中学受験を考えるなら、低学年のうちに四谷大塚の全国統一小学生テストなどを受けておくのもいいでしょう。それほど難易度は高くありませんが、学校のテストよりは分量も多くやや難しい問題があるので、入塾テストの予行演習くらいのつもりで一度経験しておくのです。

3章

中学受験を決めたらまず考え、決めておくべきこと

「受験させることの意味」を答えられますか？

「小学生のうちから長時間受験勉強をさせるのはかわいそうだけど、今頑張っておけば後がラクだから」

「本当はもっとのびのび学校生活やスポーツを楽しませてあげたいとは思うけど……」

お母さんたちからよく聞くセリフです。

しかし、こんな気持ちで子どもに中学受験をさせるべきではありません。

ここまで入試問題の難しさ、塾の授業のたいへんさについて書いてきたとおり、「中学入試」というのは厳しいものです。それは親にとっても子どもにとっても同じで、親子ともに「覚悟」をもって臨むべきなのです。

◎中学受験は子どもにとって、本当に「かわいそう」なことなのか？

◎あとからラクをさせるために、今はイヤイヤ我慢させるようなものなのか？

◎なぜ中学受験をさせようと思うのか？
◎苦しい受験勉強をさせてでもレベルの高い中学に入れたいと思うのは、どうしてなのか？

まず、ご両親にはこれらのことをよく考えてみていただきたいのです。

レベルの高い中学に進むことの目的とは、さらに高度で意味のある勉強をして知識を身につけること、受験学習の過程で学習の仕方を学ぶこと、そして人間として成長するためです。なにも「いい大学に入るため」ではありません。中学、高校、そして大学を通じてしっかりとした知識や思考法を身につけて、社会に出してあげるためです。

レベルの高い中学校に入学して高度な学習を続ければ、結果的にはレベルの高い大学に入学する確率も高くなりますが、目的はそこではありません。**レベルの高い学習ができる環境で身につけた知識や考え方は、子どもの可能性を大きく広げてくれます。**そのために必要なのが「受験勉強」なのです。このことを間違えないようにしましょう。

中学受験は人生に必要なことを教えてくれる

「あとでラクをさせたい」というお母さんの中でも特に危険なのが、「高校、大学受験をしなくていい付属中に」という考え方。

たとえばスポーツを集中的にやりたいというような場合だと、付属中・高は向いている場合も多いでしょう。しかしそうではない場合、入学したとたんに勉強するのをやめてしまう子も多いのです。入学時をピークにだらだらと成績が下がり、せっかく身につけた学習習慣も何もふっとんでしまうケースが少なくありません。

特に「ともかく付属ならどこでもいい」というような気持ちで中堅校以下のレベルの付属に入ってしまった場合、中学、高校の学力が非常に劣ることになりがちです。大学受験で入学した学生と付属から上がってきた学生を比べると、その学力は雲泥の差。大卒という点では同じでも、その後社会に出てからどちらが苦労するかは明らかでしょう。

一方、お父さんがよく言いがちなのは「大学受験のときだけ集中的にやればいいじゃな

◎私立中と公立中、入学後の学力差

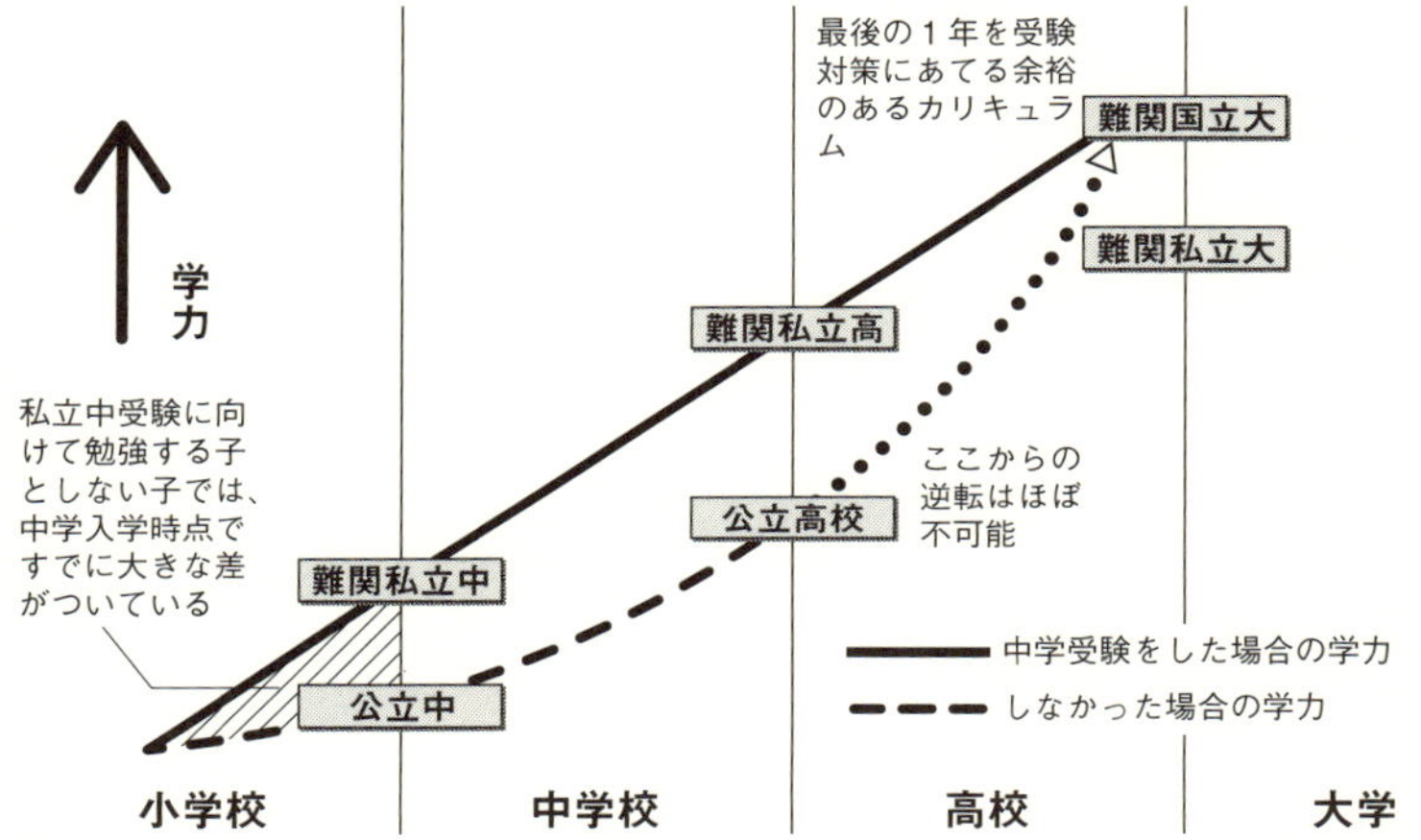

中学受験をした場合、高校受験で初めて受験勉強をした場合、大学入試だけ受験勉強をした場合、子どもの「実力の伸び」は明らかに違う。中学受験をした場合のほうがその後の伸びも大きくなり、差が広がる

いか。どうしても入りたい大学があるなら一浪くらいさせてもいい。今はのびのびさせてやれ」というもの。

ところが、このお父さんの意見にも欠陥があります。**難関国公立大学の合格者は、上位の私立中高一貫校出身者が多くの割合を占めている**という現実があります。ほとんどの私立校の場合、高校3年生の1年間をすべて受験勉強に費やすことができるカリキュラムになっていることに加え、中学受験のときにやってきた勉強が「財産」として子どもに残り、その後も学力を積み上げていけるということが非常に大きいのです。近年中に現在のセンター試験に代わって施行される予定の「達成度テスト」においても、優位にはたらくことが予想されます。

高校で初めて難関私立の高等部を受験した場合でも、高校のスタート時点で私立中学出身の子どもとはかなりの差がついてしまっています。進学校の中学生は中2で中3範囲を終えており、すでに高校の勉強を始めてしまっている。高校1年入学時で差がついていると、ここを埋めるのはかなり難しいでしょう。こうした学習内容だけで考えても、**知識や理解の深さは中学受験を乗り越えてきた子どものほうが上であることは、動かしがたい事実**なのです。

直接的な学習内容以外でも、中学受験の勉強で身につけた時間の使い方はもちろん、集中力の保ち方、モチベーションの上げ方、問題文を精読する力、ミスをチェックする力などは、一度身につければ高校受験や大学受験は当然、一生ものの財産なのです。

大学付属校はなぜ人気が高いのか?

中学受験で最も大切なのは、わが子に合った学校選びです。私立中高一貫校なら男子校、女子校、共学校があり、さらにキリスト教などの宗教校、大学進学実績に重点を置く進学校、グローバル教育に力を入れている学校など、それぞれに特徴があります。

高校受験のない私立中高一貫校で、中高の6年間を伸びのびすごしてほしいと思っているご家庭も多いようですが、その先には大学受験があることを忘れてはいけません。

多くの私立中高一貫校では高2の段階で高校課程に必要な勉強を終え、高3の1年間で大学受験のための勉強をします。そのため、高校受験を経て大学受験に臨む子たちより、大学受験において有利なことはたしかです。

しかし、2020年から始まる大学入試改革はまだ不透明な点も多くあり、最終的にどのような形になるのかは誰にもわかっていません。そこで人気を集めているのが、大学付属の私立中高一貫校です。

大学受験をせずに併設大学へ進学できるという点で、大学付属校はもともと一定の人気を保っていました。大学入試改革を不安視するご家庭が安全策としてそこに加わり、付属校人気が高まってきたということでしょう。

また、東京23区にある私立大学の募集定員増に規制がかけられそうなことも影響しているようです。人気の高い難関私立大学の募集定員が減れば、今後の大学入試はますます厳しい戦いになることが予想されます。

今も昔も人気の高い大学付属の中高一貫校といえば早稲田、慶應ですが、近年はＭＡＲＣＨ《マーチ》（明治、青山学院、立教など）レベルの大学付属校の人気も高まっています。

少子化で大学に入りやすくなっている現在、大学側が危惧するのは学生たちの学力レベルの低下。早い段階から優秀な子を確保するために、付属校の改革を図っています。

特に近年は、優秀な女子を確保しようと男子校が共学化する動きが多くなっています。明治大学明治中といえば伝統的な男子校でしたが、２００８年に共学化すると優秀な女子が集まるようになり、偏差値も大きく伸びました。今では早慶付属校を追い越す勢いです。

高校受験や大学受験に縛られず、10年間伸びのびすごせるという魅力が大学付属校にはありますが、中学受験の難易度と大学受験の難易度が合っていないケースも見られます。そこは各家庭の価値観が問われるところです。

また、学校によっては付属校でも他大学を受験するのが一般的だったり、大学への推薦枠をキープしつつ他大学の入試にチャレンジできる場合もあります。大学付属中高一貫校の受験を検討する際には、その中身をしっかり把握しておきましょう。

私立中学と公立中高一貫校を併願できるケースも

中学受験といえば、ほとんどが「私立中高一貫校を受験すること」を意味していましたが、2005年、東京都に初の公立中高一貫校が開校し、その翌年から5年間で11校の公立中高一貫校が誕生しました。すると、「学費の安い公教育で私立並みの手厚い授業が受けられる」という〝お得感〟から、公立中高一貫校が注目を集めるようになりました。

その人気は衰えることなく、2018年度入試でも約6～7倍の高倍率をキープしています。私立の最難関校である開成中や麻布中でさえ倍率は3倍以下ですから、公立中高一貫校の「受検」がいかに狭き門であるかがわかります。

しかし、ここ10年で受検する家庭の意識の変化は大きく変わりました。

公立中高一貫校の入学者選別を〝受験〟ではなく〝受検〟と書くように、本番一発の学力テストで決まる私立中高一貫校の中学入試とは大きく異なります。受検の内容は、小学校の成績や活動の記録を反映させた「報告書」と、「適性検査」と呼ばれる筆記テスト。

「適性検査」は私立中入試のような教科別の学力テストではなく、教科の枠を越えた総合力が必要な問題が出題されます。知識を問うだけの選択問題や抜き出し問題はほとんどなく、文章やグラフ、資料などを読み、そこから何がわかるかを考え、自分の言葉で表現することが求められます。そのため、解答の多くが記述式です。

公立中高一貫校が登場し始めたころは適性検査の対策を教えてくれる塾が少なく、受検倍率も高いことから、「とりあえず受検してみて、受かればラッキー！」と考えるご家庭も少なくありませんでした。

ところが、年々「適性検査」に関するデータが蓄積され、その対策をとることができる塾が登場すると、単なる〝記念受検〟ではなく、本気で公立中高一貫校を目指す家庭が増えました。現在は、適性検査に強い「ｅｎａ《エナ》」という塾に通い、公立中高一貫校を目指すのが主流になっています。

そのため、同じ中学受験でも私立中高一貫校と公立中高一貫校は別物だと思い込んでいる親御さんが多いようです。

しかし、**私立中学と公立中高一貫校を併願することは可能**です。前述した通り、「適性検査」のような思考系の問題は、私立最難関校の入試ではすでに長年行われてきていることで、何も特別なことではないからです。むしろ、知識量でいえば私立難関校を第一志望にしている子の方が圧倒的に上。論理的思考力や記述力も鍛えられているため、そういう子にとっての公立中高一貫校対策は6年生の10月からでも十分間に合うのです。

ただし、誰でもそれができるわけではありません。ひとくちに最難関校といっても、その入試問題の中身はさまざま。たとえば開成中、麻布中、武蔵中の男子御三家、駒場東邦中、渋谷幕張中、渋谷渋谷中、海城中、栄光中、桜蔭中、雙葉中などの難関校に合格するメドが立っている子であれば、十分に合格可能です。これらの学校の入試問題は、思考力や記述する力を問われている中心だからです。

一方、同じ難関校でも女子学院中、豊島岡女子中、巣鴨中、成城中、世田谷中、本郷中などを第一志望にしている子には、公立中高一貫校との併願はオススメしません。これらの学校の入試問題は知識重視のため、公立中高一貫校の「適性検査」とは入試傾向がまったく違うからです。

また、公立中高一貫校受検を考える場合、それが第一志望なのか、そうでないかによって勉強のやり方が大きく違ってきます。最難関私立中が第一志望だけど、公立中高一貫校も捨てがたいという子は、私立中学受験対策をメインに行っている大手進学塾で受験勉強をすることをオススメします。

逆に公立中高一貫校が第一志望だという子は、適性検査対策に強い塾に通うといいでしょう。その場合、本番前の〝お試し受験〟として、「適性検査型」の入試を実施している中堅校以下の学校の併願を勧められます。

出題傾向が似ている私立中学の入試を本番前に体験しておくのはいいことですが、なかには「適性型入試」とうたっておきながら、中身が伴っていないものもあります。併願をする際はその中身をしっかり確認しておきましょう。

実際は、公立中高一貫校を第一志望にする場合、「ダメなら高校受験でリベンジ」と思っている子が多いようです。これは私立中高一貫校が第一志望の子にはあまり見られません。私立中学を第一志望にしている家庭は、たとえ第一志望がダメでも、第二志望、第三志望の中学へと進学させます。ここが第一志望を私立中学にする子と公立中高一貫校にする子の大きな違いでしょう。

受験勉強させることに罪悪感をもってはいけない

受験勉強は合格するためにするものですが、合格できなくても、実社会に出てから必要なもの、特にどんな仕事についても必ず役に立つものがたくさん詰まっています。

社会に出てから必要な力は学校で身につけるべきだと思うかもしれませんが、**残念ながら今の学校教育で、本当に仕事に必要なことを教えてはくれません。**受験勉強というのは、目標を持って必死で努力する、計画を立てて実践していく、難問に粘り強く挑戦する、前向きに努力できる気持ちのコントロールを学ぶ――こうした訓練を続けることでもあるのです。小学校の4年生から6年生にかけて、これらを高密度で続けるのが「受験勉強」というものの本質なのです。

つまり**受験勉強をさせるのは、決して「かわいそう」なことではありません。**むしろこれらの力を持たず、〝なんとなく〟社会に出てしまうほうが、ずっと子どもにとってかわいそうなことではないでしょうか。

ですから、中学受験をさせることと、塾に通わせることに「罪悪感」をもたないでください。罪悪感をもったままだと、どうしても親の口から「これが終わればラクができるから」「今だけ頑張ればいいから」という言葉が出てきます。たしかに、今頑張ってさまざまな力を身につけておけば、社会に出てから「ラク」だとは言えます。論理的な思考力や精神的な強さが身についていれば、社会で降りかかってくる数多くのストレスやプレッシャーに苦しむことも、たやすく負けてしまうこともないからです。

しかし、お母さんがよく言う「あとがラク」というのは、「中学に入学すればあとはあまり勉強しないですむ」「付属に入ってしまえば勉強しなくても大学に入れる」というような種類の「ラク」であることが多いのです。

レベルの高い中学・高校に入れば、レベルの高い子どもたちに囲まれてレベルの高い授業を受けるのですから、そこで力を発揮するためには、さらに努力を続ける必要があります。それができる子どもたちが多く集まるからこそ、「難関校」は結果的に難関大学への進学率も高いわけです。

中学受験というのは、そうした力の「土台」をつくるものなのです。

中学受験を通して〝一生モノ〟の力を与えられる

高校入試や大学入試と大きく違うのは、それが子どもの力だけではできないという点。**親のサポートがあってはじめてうまくいくというのが、中学入試の最大の特徴です。**

たとえばスケジュール管理は入試の基本ですが、入試当日まであと何日ということだけでなく、たとえば入塾テスト、毎月の塾のテストへの準備、翌週の授業のための準備、その日の授業の復習、テストが終わればテスト直し、教科ごとの宿題、さらに学校の授業、宿題、行事、夏休み――。1日、1週間、1カ月、1年、3年という単位でスケジュールを立て、実行し、チェックして必要なら修正する作業です。これは、ビジネス用語でいう「ＰＤＣＡサイクル」（Plan-Do-Check-Action）と同じですが、これを小学生の子どもがひとりで行うのはとても無理でしょう。

子どもと一緒に先の予定を見据え、そこから逆算しながらスケジュールを立てるのは親の役割です。これは仕事のスケジュール管理とまったく変わりません。しかも並みの仕事よりずっと密度が濃く要素が多い。スケジュールを立てるほうも、実行するほうも、仕事以上に大変だと言っていいかもしれません。

こうした3年間を経験することは、子どもの人生にとって大きな糧になります。そして実は、親もまた一緒に成長することができるのです。

「正しい方法」で挑戦すれば、中学受験が子どもにとって決して「かわいそう」なものでないことを、ご理解いただけたでしょうか。

楽しそうに勉強している子ほど成績がいい

ただ、やり方や言い方が間違っていたら、時には子どもを押しつぶしてしまうこともありえます。親子関係や夫婦関係が険悪になってしまう可能性さえあります。また志望校に合格できなかったとき、子どもに不必要な挫折感だけを残すことにもなりかねません。

中学受験のために勉強することが「かわいそうで異常な状態」だと子どもが認識すると、終わったとたん本当に一切の努力をしようとしなくなります。たとえ志望校に合格しても、そこですぐついていけなくなってしまう可能性もあります。特に付属だとそれは顕著で、まったく努力をしなかったために、せっかく付属に入ったのに高校、大学に進めなかった子どもをたくさん見てきました。

「今の努力はきっと将来役に立つ。今身につけたものの上に、もっとレベルの高いものを積み重ねていけるんだ」という気持ちを、親も子どもも持っていてください。

私はときどき、受験勉強中の5年生、6年生に「なんのために受験するの？」と問いかけます。だいたいの子どもは「いい大学に行くため」と答えます。そこで、「じゃあ、なぜいい大学に行くの？」と聞くと、楽しそうに学習している子どもほど「ちゃんとした大人になるため」「将来の夢を実現するため」「立派な社会人になるため」と答えます。「お金が稼げるから」なんて答える子どもはごく少ない。

子どもたちは、親以上にちゃんとわかっているのです。子どもは親が思うより強く、また親が心配するより勉強そのものを面白いと思っている。「あとでラクをするため」と頑張っているわけではありません。

もちろん、学習量が子どもの体力や精神力の限界を超えてSOSを出している場合もあるので、それにはだれより早く親が気づいてあげなければなりません。しかし子どもに

「後でラクできるから今は気合いと根性で頑張って」などと言い続けるくらいなら、受験などさせないほうがいいと思います。

子どもが受験を通して今より1段ステージを上げ、人間的に成長することが受験の最大の目的であり「効果」です。**学歴にせよ職業にせよ、目的を叶えるために今何が必要なのかを考えて努力できる人間になる。これが一番大事なことを忘れないでください。**

小学校低学年のうちは、特に男の子の場合「受験の目的は自分を高めるためだ」と言ってもまずピンとこないでしょう。親の願いと子どもの気持ちの間には、どうしてもギャップがあります。小学2年生くらいの子に「自分を成長させるために中学受験をしてみよう」と話してみても、何がなんだかわからないでしょう。

しかしこうした大切なことは、常に生活の中で話し合いながら、少しずつ理解させるべきなのです。

夫婦間で受験へのスタンスを必ず一致させておく

そのためには、まず夫婦間でよく話し合って意思を統一しておくことです。お母さんだけが中学受験に熱心で、お父さんは最後まで反対というような場合、まずお母さんが非常に辛いことになります。

父「そんなに勉強させなくてもいいじゃないか」
母「だって今が大事な時期なのよ」
父「別に公立だっていいだろう！」
母「なんのために今まで頑張らせてきたのよ」
父「かわいそうだろ！　見栄はって私立入れたって意味ないよ」
母「今だけ頑張れば後でラクができるのよっ」

というような夫婦げんかに発展したら救いがありません。そんな家庭で勉強を続けなくてはならない子どもが一番かわいそうです。

中学受験というのはまず母親、そしてお父さんのフォローが不可欠です。正確に言うと、お父さんはお母さんをフォローすることが大切な役割なのですが、それには**夫婦間で**

基本的な方針が一致していなければなりません。

一般的に、お母さんの方が「ママ友情報」などから中学受験に対する関心が高まり、私立を受けさせたいと考えることが多いものです。ただ、この「ママ友情報」、あまりアテにはなりません。

「×△君は、駅前の塾に通ってどこそこに合格したんだって」とか「近所の○△中はぜんぜんダメらしい」「△○塾の先生は面白くて大人気らしい」など。

こうした情報から「うちの子もあの塾に入れれば難関校に入れるかもしれない」と考え、**なんとなくで中学受験を始めるとのちのち後悔することになりかねません。**

お母さんは、いきなり子どもに「塾に入って中学受験をしなさい」などと言い出すのではなく、しっかり、じっくり家族と話し合ってください。

「塾に行きたい」という言葉をそのまま信じない

また、もうひとつ「塾に行かせる理由」としてよくあるのが「子どもが行きたいと言っているから」というものです。しかし、子どもの「塾に行きたい」という言葉ほどアテにならないものはありません。

だいたいの場合、「友だちが通っているから」「友だちが面白い先生がいると言っていたから」という程度の理由です。そのときの気分だけでなんとなく言っているだけということも多いのです。たとえば今通っている習いごとやお稽古ごとなどが面白くないから、そこをやめて別のところに行きたいという場合もあります。**子どもに「中学受験に挑戦してみたい」「よりレベルの高い中学に進んで高度な学習をしたい」なんて気持ちは、まずありません。**お母さんがこれを真に受けて、というより「待っていました」とばかりに「じゃあ、中学受験をさせよう」と決意しないことです。

これで中学受験を始めてしまうと、だいたい子どもがだんだんに行きたがらなくなり「自分で行きたいと言ったから行かせたのに!!」と怒る親がいますが、これは親のほうが間違っています。

中学受験、それにともなう塾というのは「子どもの自主性」にまかせるべきものではありません。家庭の方針で決めることです。

親のほうも同じクラスの子どもが行っているから、となんとなく塾に入れてはいけません。塾に行っているといっても、本気で中学入試を考えている子も、補習として考えている子もまざっているからです。

また「習い事代わりに」「親が仕事から戻るまでの間塾に行ってくれれば安心」といった形で塾に行き始めるのも考えものです。こういう塾の使い方もあるでしょうが、中学受験につながるものではありませんから、はっきりと分けて考えるべきです。

学校の授業は〝基礎固め〟として最適

そして「塾に入れっぱなし」では、子どもは絶対に伸びません。むしろ、**親は入れてからの方が大変になることを知っておいてください。**お母さんが仕事を持っている場合は、なんとかして子どもをフォローする時間を分担する必要があります。4年生から6年生までの間は、子どもが自宅にいる時間にはどちらかの親が一緒にいて、できる限り学習をフォローしてあげることが大切です。本気で中学受験のために塾に行かせたいなら、このことをよく自覚して、夫婦でまずしっかり意思統一しておきましょう。

お父さんのほうが受験事情に疎いケースが多いので、まずお母さんが客観的な情報を集め、子どもの資質や性格も考慮したうえで、中学受験をさせるのか、させないのかを話し合ってください。

お父さんはだいたい「まだいいんじゃないか」「公立でいいだろう」というあたりから出発しがちです。「塾なんか行ったら学校の授業がつまらなくなるんじゃないか」「サッカーや野球を思い切りやらせてやりたい」という人も多いと思います。

塾に行くようになっても子どもはかなりの時間を学校で過ごし、もちろん授業も宿題もあります。たしかに、塾に行くようになって学校の授業をバカにして先生の指示もないがしろにする、という子どももいないわけではありません。

しかし、これは「塾が悪い」というより、ご家庭での方針や考え方のほうに問題があるケースが多いように感じます。家庭で「学校の勉強はどうでもいいから塾の勉強のほうを頑張りなさい」と言われている子どもは、学校の勉強をバカにします。

たしかに、塾の授業に比べると学校の授業は物足りないかもしれません。すでに知っていることも多いでしょう。しかし、基本をしっかりやり直すことで新たな発見もあります。すでにわかっているはずのことでも「こういう意味もあったのか」という理解はとても大切です。**「本当によくできる子」はこうした発見を見逃さないし、学校の授業も楽しみます。**

また、グループ学習やみんなの前で調べたことを発表するなど、塾では学べないことの中にも大切なことが含まれています。

親は勉強を教えてはいけない

そしてここが大事なことですが、「勉強そのもの」はお父さんもお母さんも教える必要はありません。というより、**親は受験勉強を直接教えないほうがいいのです。**それは前章までにご紹介したとおり、現在の中学入試問題が非常に難しくなってきており、昔ながらの勉強法ではとても解けないものが多いからです。

中学受験を考えるご家庭は両親ともに大卒というケースが多く、いわゆる文系であることも多いのですが、そうすると陥りがちなのが「頑張ればできるはず」という姿勢。長い時間勉強して暗記学習に取り組む受験勉強をした、悪い言葉でいうとガリ勉タイプの人は、たとえば子どもが塾で成績が伸び悩んでいるような場合、「頑張れば大丈夫」「もう少し勉強時間を増やしてみたら」というようなことを言いがちです。すると、子どもの成績は勉強すればするほど下がってしまうことがあります。

こういう場合にすべきなのは、本来は勉強量を減らし、本当にやるべきこと、今やらなくてもいいことを見直すことですが、逆にもっと頑張らせてしまうのです。

これを続けると、子どもは「とにかくたくさん問題をやればいい」という大量演習型の学習や、暗記学習ばかりをするようになってしまいます。

文系の親・理系の親が陥りがちな〝失敗〟

ひと昔前の受験勉強といえば暗記が主流で、特に文系科目はひたすら暗記をすればかなりの点数がとれました。英語、古典、漢文はほぼ暗記がメイン。そして最も暗記に頼っていたであろう科目が日本史、世界史です。それが文系の親の印象に強く残っているのです。**暗記を頑張ったから今の自分がある、と自負している人も多い**でしょう。

前述したように、現在も社会科だけは暗記しなくてはいけない項目が非常に多く、入試科目に社会が含まれることが多い関東の子どもたちは、「社会で点数を稼ごう」と、せっせと暗記します。するとある程度点数も伸びるので、ついほかの科目も「暗記型」の学習に頼ろうとしますが、結果的に全体の伸び悩みの大きな理由につながります。私はこれを便宜的に「社会科脳」と呼んでいますが、文系の親にはこのタイプが多いのです。

理科も暗記でなんとかなる、算数は問題をたくさんやればいい、国語は本をたくさん読んでいる子なら解ける、という風に考えてしまう。

むしろ入試で求められるのは「理系脳」です。といっても、理科と算数ができることが「理系脳」ではありません。公式を暗記するのではなく、その本質的な意味を理解して、初めて見るタイプの問題でも過去のプロセスや解法を組み合わせ、「今何がわかっているのか」を整理し、「どの考え方を使えば解けそうか」ということを予測して、実行し、さらにチェックできる「思考法」のことです。

この理系脳は、算数や理科ばかりではなく国語の問題を解くときにも必要。読解力、心理描写の理解にも、こうした論理的な思考が大切なのです。逆に言えば、国語の論理的な読解力があってはじめて、算数・理科・社会の問題を深く理解できます。

「社会科脳」で受験を乗り切った世代は、算数さえも一種の暗記でなんとかなると思いがちです。「解法パターン」をできるだけたくさん覚えておけば、同じような問題に対応しやすいだろう、という発想です。しかし、これは大きな間違い。

理系の親御さんにも気をつけておいていただきたいのは、前述したとおり「算数や理科は自分で教えられる」と考えないということ。最近の入試問題を見ていただいた通り、**中学受験レベルでもお父さんお母さんが知らない知識、解法が無限にあり、プロの塾講師でさえ手こずるものが数多くあるのです。**

実際の学習テクニックについては塾の先生にまかせて、自宅での「復習」をフォローしてあげるのが一番だということです。

両親の最大の仕事はタイムマネージメント

親はスケジュールを把握して「次は〇〇のテストの準備をしよう」「明日はこれとこれ

をやっておけばいいね」と促しながら、「よく頑張ったね」とほめてあげる。そして、次の段階では、「今日は何を勉強すればいいと思う?」「明日は何を勉強すればいいと思う?」と質問して、子ども自身にプランを考えさせる。このような役割は、やはりお母さんが向いています。子どもと接する時間が長く、様子を細かく見ているお母さんは、うまく励まして一緒に喜びも辛さもわかち合ってあげられるでしょう。お父さんは、お母さんほどには子どもと接する時間がないかもしれませんが、だからこそできる役割があります。それが、お母さんと子どもを精神的に支えることです。お母さんのグチを聞くだけでもいいのです。お母さんのグチを聞いて、ねぎらってあげることができれば理想的です。

ヒマなときだけ子どもの成績を見て「なんだ、もっと頑張らないと志望校に入れないぞ」とハッパをかけたり、「塾が悪いんじゃないか? 変えたらどうだ」と言い出してみたり、「お父さんは昔こんなに頑張った」と自慢話を始めたりするのは最悪です。お母さんと子どもを追い詰めるだけで、いいことは何もありません。こんなことなら、いっそ無関心ですべて「母親まかせ」のほうがまだマシだと言えるでしょう。

お父さん、お母さん、そして子どもが「3人4脚」で中学入試に臨むことができれば、それは非常に強い家族の絆をつくることにもなります。

挑戦する前に夫婦の意見をまず一致させ、そのうえで両親が共に納得していることが子どもにとっても大きな力になります。お母さんもお父さんも応援してくれる、だから安心して頑張れる、自分が頑張るとそれだけでふたりともほめてくれる、という家庭であれば、中学入試は乗り切れます。

家族もまた、それまで以上に温かく、強い絆を手に入れることができるでしょう。

4章

学力急上昇の切り札「家庭教師」の使い方

家庭教師を併用するなら〝週1日〟がいい

塾だけで成績が伸びない、またはより学力をつけたい場合、家庭教師を併用するケースもあります。私自身、長年の塾講師を経て現在家庭教師の仕事をしているので、この章ではこれについてもアドバイスをしていきましょう。

中学受験を控えた小学6年生は、1週間に4日は塾に通います。たとえばSAPIXなら、1学期は火・木・土に授業（土曜は土曜特訓）があり、2学期になると日曜日に志望校別特訓が始まるので、週4日になります。

すると残りは週3日。2日は自分で勉強する時間としてキープし、残る1日は家庭教師とともに勉強するというのが、家庭教師と塾の併用で一番多いパターンです。週2回も3回も家庭教師が来てしまうと、自分ひとりで勉強する時間がとれなくなってしまいます。

中学受験における家庭教師の役割というのは、受験勉強をいかに効率的にやるかというアドバイスをしながら、塾の授業で理解があいまいだった部分をきちんと定着させ、試験

で使える状態にすることです。家庭教師だけで中学受験を乗り切るというのは、非常にまれなケース。中学受験に対応できるレベルの家庭教師を最低でも週3回頼み、続けて何年間か来てもらうことになると、費用も大変なものになってしまいます。

「知り合いの東大生」に家庭教師を頼むと必ず失敗する

家庭教師を頼むときに気をつけていただきたいのは、必ず一定以上のレベルの、プロの家庭教師に頼むということです。

「親戚に東大に受かったお兄ちゃんがいるから1週間に一度勉強をみてもらいましょう」というのは、学力をきちんと伸ばしたい場合だとまず失敗します。そのお兄ちゃんがどんなに優秀で、優しくて親切でも、**家庭教師というのは東大に入った人なら誰でもできるというものではない**からです。

遊びの延長レベルで、大学生活の話を聞かせてもらったりするのは楽しいかもしれませんが、家庭教師というのは、いつも本人自身が学問や勉強に対して真摯に向き合い努力し、その姿勢を子どもにも見せなければならない仕事です。本来であれば、学生のアルバイトでできるような仕事ではありません。

ともすれば、東大の学生は「いかに勉強せずに合格したか」を子どもに自慢したりします。特に中学受験を目指す場合には、「何をやらせるか」より「どのようにやらせるか」のほうが大事です。「自分がやってきたやり方」ではなく、その子にあった「やり方」を考えて、指導しなくてはならないのです。

結局ほとんどの場合、問題をたくさん解かせて見ているだけ、暗記の語呂合わせを教えるだけ、みたいなことになってしまいます。「目の前の子どもがなかなか理解してくれない。ではどう教えればいいか」という引き出しを、普通の大学生はほとんど持っていないのです。

スポーツでも、現役選手がいきなりコーチや監督になってもうまくいきません。引退後、指導者になるための勉強を積み重ねて、やっと指導者への道を踏み出すのです。

これは家庭教師でも同じこと。大手塾の場合は、塾内で最低限の研修を行って講師を育成することが可能ですが、家庭教師の派遣会社ではそれがまったくないといっていいのです。自己研修ができないと、いつまでたっても素人のままです。

学力だけじゃない、家庭教師の上手な使い方

家庭教師の「上手な使い方」はいろいろあります。

幼少期に早期教育をやりすぎたりして、小2〜小3で早くも勉強がキライになってしまったという子のような場合、それを修正するために家庭教師を使うのはとても有効です。

また、塾には行っているけど成績が伸び悩みスランプ気味の場合も、家庭教師のサポートでスムーズに抜け出せることもあります。成績が伸び悩んで塾のクラスが下に落ちてしまったりすると、子どもも家庭も暗くなってしまいます。優秀な家庭教師なら、その雰囲気を変えて明るくしてあげることもできるでしょう。受験の直前1年間だけ週1回家庭教師を頼んで、合格をより確実にするというケースも一般的です。

塾で順調に伸びている子どもに家庭教師は必要ないと思いますが、順調に伸びる子のほうが少ないのです。どこかでつまずいたとき、優秀な家庭教師は大きな力になるでしょう。

なお個別指導塾という形もありますが、これは家庭教師のように先生と生徒が1対1に

なるとは限らず、2対1、3対1という場合もあります。基本的には生徒が机を並べて勉強しているところを、先生が回ってくる形です。

きちんとしたカリキュラムを生徒に合わせて組んでくれる個別塾というのは少なく、多くの場合単にアルバイトの学生がいて、質問があれば答えてくれる、という程度です。**親のほうも、家にいると勉強しないから個別塾にでも行かせればいいだろう、というケースが少なくありません。**学習の習慣づけに効果があったという人もいますが、先生の指導力、力量はほぼ期待できないと思っておいたほうがいいでしょう。

家庭教師の力量は親が見抜くしかない

では、優秀で自分の子どもに合った家庭教師はどうやって選べばいいのでしょうか？

実はこれ、とても難しい問題なのです。「東大に行ってる親戚のお兄ちゃん」ではダメだと書きましたが、家庭教師の派遣会社もあれば、個人で張り紙をしていることもあります。そこからどうやって力量を見定め、子どもと相性がいい人を探せばいいのでしょうか。

本来なら、**プロの家庭教師を名乗る以上、どんなタイプの子どもに臨機応変に合わせられることが基本ですが、こうした先生は数少ない**というのが現状です。

「先生に来ていただくようになって3カ月以上たつけど、成績がまったく上がらないのですが」と派遣元の会社に電話しても、「相性もありますからね、先生を変えてみましょうか」などと逃げるところは、別の先生が来てもあまり変わらないでしょう。単に力量のない先生が多いのだと思います。「合わなければどんどん先生を変えていいですよ」などと堂々と謳っている会社も非常にあぶなっかしいと言えます。

結局のところ、親がちゃんと先生をチェックして力量を見抜くしかないのです。まずは「体験授業」をしてもらう必要があるのですが、これがなかなかのくせ者。「体験授業あり」と謳っていても、やってくるのは地域の営業担当者や責任者で、実際に担当してくれる先生とは別である場合が多いのです。

家庭教師派遣会社はアルバイトや契約の先生との雇用契約はしっかり結び、トラブルが起きないよう気を遣いますが、肝心の「家庭教師としての力量」を伸ばし、レベルを上げようと教育を行っているところは非常に少ないのです。身だしなみや、「親にこう言われたらこう答えろ」といったマニュアルはあっても、教え方は本人まかせというのがほとんどです。

実は塾にも同じことが言えるのですが、「先生の採用」というのはかなり大雑把です。学歴がしっかりしていて学力テストがほどほどにできて、人間的にまあまあ常識的であればすぐに採用されてしまう。

コミュニケーション能力や、臨機応変な教え方のスキルなどはまったくチェックしません。しかも、採用後にまず研修期間を設けて、それが終わってから授業を担当させるというのは非常にまれです。そんなところで時間と労力をかけていては経営が成り立たないからでしょう。「採用後、ただちに現場へ投入」という家庭教師派遣会社も少なくないのです。それでも大手の進学塾であれば、少なくとも中学入試の難問がぜんぜん解けないような人では勤まりませんから、ある程度の力量はあると考えていいのですが、家庭教師になるとその保証もありません。

自分が選んだ参考書をやらせる家庭教師は要注意

家庭教師のスキルで大切なのは、コミュニケーション能力や、子どもの能力や理解度に合わせた臨機応変な教え方です。さらに高学年の受験対策になると、塾でやっている内容を熟知して、最新の入試傾向も知っておかなければなりませんが、こうした技量を持つ人はごくわずかしかいません。よくいるのは、塾とは別の市販の問題集を持ってきて「これをやりましょう」という家庭教師です。これは、「私は力量がありません」と言っているのと同じです。先生自身が予習しておかないと解ける自信がない、ということだからです。

塾のテキストも、四谷大塚や日能研のものを入手して予習することはできないこともありませんが、ＳＡＰＩＸでは毎週テキストが渡されるので予習もできません。力量のない先生であれば、いきなり解くことはできないと思います。

もちろん先生が解ければいいというだけではなく、その子がどこでつまずきそうか、どこまで説明すればいいか、またこの問題がわからないということは、過去のどこの部分がわかっていないのか、といったことを瞬時に見抜いて、それに合わせた指導ができなければなりません。有名大学に通っているというだけの学生アルバイトには、とても無理です。

人間性、コミュニケーション能力、先生の力量をあらかじめ知るには、できる限り「担当予定の先生の体験授業を受けられる会社」を探してください。

それができない場合は、初回に担当の先生が来たとき、注意深く授業の様子を見学してください。その際は、子ども部屋で家庭教師と子どものふたりだけで勉強させないこと。子どもに「どうだった?」と聞いても「やさしかった」「よくわかった」くらいしか答えないでしょう。

なお小学生に家庭教師をつける場合は、できる限りお母さんが最初から最後まで同席して、必要ならメモをとりながら一緒に聞いてください。これは初回に限りません。私も教えるときは必ずリビングかダイニングで子どもと並んで指導し、向かい側などにお母さんに座ってもらっています。子どもの表情の変化を感じてもらいながら、声かけのタイミングやフレーズを学んでもらうためです。

13 "当たり家庭教師"を選ぶのチェックポイント

ここで、家庭教師を決める前、無料体験授業の時にチェックすべきポイントを列挙しておきましょう。

・身だしなみはきちんとしているか？
（↓清潔感があり、常識的な服装であればOK）
・きちんと挨拶ができるか？
（↓講師自身がきちんと挨拶をし、指導の前後に子どもにも「よろしくお願いします」「ありがとうございました」と言うよう促している）
・正しい位置に座って指導しているか？
（↓家庭教師が説明することが多いような場合は右側、子どもの行動を注視する必要が多いような場合は左側に座るのが「正解」）
・子どもとうまく接することができているか？
（↓指導中にいいタイミングで声をかけたり質問したり、できたときにはほめて、子どものやる気を盛り上げようとしている）
・子どもを楽しませることができているか？
（↓講師が楽しませようという努力、工夫をしている）
・通常のコミュニケーション能力があるか？

(↓家庭教師の中には、実は対人恐怖症ぎみの人も)

・親の相談にきちんと乗ってくれるか？

(↓たとえば塾の勉強の進め方、塾の先生との接し方、志望校対策、最近の子どもの成長具合などに的確なアドバイスができる)

・講師としての指導スキル、力量は十分か？

(↓初見の問題でもすぐに説明ができる。またひとつの問題に複数の解法を示すことができる)

・子どもの個性やクセをすぐに見抜けているか？

(↓子どもが最近受けたテストを見せて、チェックしてもらうとわかる。点数ではなく、式や余白の書き込み、メモのような「作業の痕跡」から子どものクセなどを見抜ける)

・学習に必要な「姿勢」「鉛筆の持ち方」まで指導しているか？

(↓子どもの目線の動き、鉛筆の持ち方、座る姿勢など、基本的なところまで注意をはらってくれている)

・授業中に子ども自身に説明をさせているか？

(↓ときには講師が生徒役になって、子ども自身に解法の説明をさせる)

・短所ばかりを注意していないか？

（↓子どもの長所を見つけてほめる）
・やたらに叱ったり、怒鳴ったりしないか？
（↓注意をするときはおだやかに、普段は笑顔で接してくれる。叱咤激励ばかりではない）

家庭教師は「安かろう悪かろう」が常識

こうしたことを、たった一度の体験授業や初回の授業ですべて見抜くのは難しいかもしれませんが、**いい先生に巡り会うことができれば、家庭教師は親にとっても子どもにとっても非常に強い味方になります。** 特に中学受験のときは、週に1回、レベルの高い家庭教師が来てくれれば、塾でのつまずきについて相談ができますし、受験までにすべきことなども子どもに合わせてスケジュールを立ててくれるでしょう。

塾の指導はクラス全体で共通ですから、すべての子どもにピッタリとはいきません。優秀な家庭教師なら「塾でこの問題をやれと言われた」という場合も、「今はこれはやらなくてもいいよ。むしろこっちをやっておこう」という個別の指導もできます。

低学年でまだ中学受験について決めかねているような段階でも、客観的な視点から基礎訓練を適切に行い、勉強が楽しいものだということを教えてくれるでしょう。ノートの取り方、わからない問題への対処、モチベーションの上げ方なども身につきます。

ただ、どれもこれも先生にある程度の力量が必要です。ですから先に挙げたチェックポイントの中で、あらかじめ「こういう先生に来てほしい」という希望を出せる限り、会社側に伝えておきましょう。要求レベルが高いことがわかれば、会社のほうもそれなりのレベルの講師を派遣しようと考えるはずです。

家庭教師の場合、塾より費用がかさむためご家庭にとっては大きな負担ですが、残念ながら家庭教師は「安かろう悪かろう」が常識だと思ってください。1時間あたり3000円、5000円というようなところもありますが、これはもう学生アルバイトのレベルです。というのは、本当にプロの家庭教師として生計を立てるには、数千円ではまったく足りません。家庭教師で「食っていこう」と思っても、使える時間は放課後の数時間だけ。週5日、1日に2家庭ずつ訪問できたとしても、1回の手取り額が3000円では、1カ月の収入は12万円にしかならないのですから。

ということは、**本当の意味での「プロ」を望むなら、1回1時間あたり最低でも1万円**

を超えるような講師にすべきです。

私が主宰する会社に在籍しているほとんどの先生は、大手塾に行けばすぐにでも教科の責任者になれる程度の力量を持っています。その力量に見合う収入を得てもらえることを意識しています。

余談になりますが、家庭教師や個別指導の先生方の多くは「ワーキングプア」で、年収100万円や200万円がやっとという人も多いのです。力量がある人はそれなりの収入が得られる職種であってほしいと、いつも願っています。

本当に質の高いプロ家庭教師にはそれなりの費用が必要だという「内情」も、少しだけ知っておいてください。

5章

親が必ずすべき習慣・やってはいけない習慣

「生活知識」と「身体感覚」が学力を〝後伸び〟させるカギ

中学受験をするかしないかにかかわらず、**小学校高学年、中学、高校と子どもの力を着実に伸ばせるかどうかは、実は幼児期から小学校3年生までにかかっています。**「力」というのは学力だけではありません。一生を通して大切なコミュニケーションの力、論理的に考える力、粘り強く努力する姿勢、知的好奇心といったものすべての「土台」は、この時期につくられるのです。

この土台ができていないと、4年生から本格的に受験勉強を始めたとき、つまずきの原因になります。4年生になって塾に行き始めてから、こうした土台をつくり直すのはかなり大変です。土台のない上に、どんどん高度な知識や問題演習を積み重ねても、もう一段レベルアップすべきときに足踏みをしてしまい、逆に成績が下がっていってしまいます。

この土台というのは、家庭で培われるものなのです。

中学受験には親のかかわり方が非常に大切だとここまで述べてきましたが、親子のかかわり、家族のありかたは、塾以前に最も大切なのです。

これは早期教育が大事だとか、小学校1年生から進学塾に行け、というようなことではありません。また、単に九九を暗記する、計算問題をたくさん解く、漢字をおぼえるなどの基礎訓練をしっかりするというだけでもありません。

日常から得られる生活知識、そして身体感覚を身につけておくのが、何よりも大切なことなのです。

値段や時間を「ユニット」として考える力

たとえば、お母さんに頼まれておつかいに行く、小遣いをもらって「あといくら残っているかな」と数える、お母さんが「あと15分で晩ご飯ですよ」と声をかける、といった**当たり前の日常のなかに、大事なことが含まれています。**

小学生の算数では、「数をユニットとして考えられるかどうか」がとても大切。たとえば、1時間の半分が30分で、15分は1時間の4分の1だということが感覚的にわかるかどうかといったものです。時間を「15分」のユニットとして考えれば、それが4つ集まって1時間、「30分」をユニットと考えれば、ふたつ集まって1時間、という具合です。

これは、「60÷30」「60÷15」「60÷4」「15×2」「15×4」といった計算ができるかどうかではなく、数をまとまったユニットとして視覚的にとらえられるか、という意味です。

25円を4つ集めると100円、ということがすぐにわかることが大切なのです。

ここがはっきりしないまま計算問題の学習を始めると、10進法でもつまずきます。10のカタマリが10個あって100になることが直感的にわからないために、繰り上がり繰り下がりの足し算引き算が出てくると、「10の位に1を足す」とか「10の位から、1を借りてきて……」というような計算で混乱してしまうのです。

発展学習として2進法、8進法などを学習する段になると、もはやさっぱりわからなくなる。ユニットで考えることができれば、10進数は「0~9の10個」だけど、2進法なら「0と1の2個」になるだけ、ということもすぐに「なるほど」と理解できるのです。

こういう考え方は、幼児期から小学校低学年の日常生活のなかで身につけておくべきものです。買い物から帰ってから、硬貨を並べて子どもと数える、「10円玉が10個で100円だね」「あと10円玉が12個あるけど全部でいくらかな」といった**遊びのようなことから、**

自然に覚えていくのが一番いいのです。

子どもの学力は「キッチン」で伸ばせる

また重さや体積についても、幼いころの経験で得た身体感覚がその後の学習に関わってきます。バケツ1杯の水を持ち上げるととても重いけど、同じくらいの体積の枕ならすごく軽い。このようなことを経験的に知っていると、「比重」について習ったときにすぐ本質を理解できます。同じ段ボールでも本がぎっしり詰まったものは重く、洋服が詰まっていると軽い。大人にとって当たり前のことかもしれませんが、このようなとき、お母さんは「同じ大きさの箱なのに、中身によってぜんぜん重さが違うねぇ」と話してあげてください。興味を持つ子どもだったら、同じ容量のペットボトルに水とトマトジュースを入れて、重さを比べてみるのもいいと思います。

キッチンというのは、こうした身体感覚を子どもが自然に身につけるには最適の場所です。花を買ってきたら断面を見せる、しおれた花を水につけてシャキっとするのを見せる、野菜を切ったらどれが種なのかを教えてあげる、塩をふると野菜の水分が抜けてしんなりするのを見せる——など、いくらでもあります。何も道管、師管、浸透圧、などという用語を教える必要はまったくありません。

やがて学校でこうしたことを習ったとき、その子は「お母さんが見せてくれたあれだ」とすぐに気づくはずです。

子どもたちを教えていると「え、こんなことも知らないの?」という場面にしばしば出くわします。たとえば4年生くらいの子どもに「お店の利益」と言っても、それが何なのかわからない。仕入れ金額と売値の違いがわからないのです。一緒に買い物に行ったときなどに、「このお店はたくさん品物が並んでいるけど、どこから持ってきてると思う?」といった話をしていれば、自然に「お店は品物を問屋などから仕入れ、それに利益を乗せて売っている」ということがわかるでしょう。

植物の知識が非常に乏しい子も多い。稲がどんなものか見たことがない、という子はめずらしくありません。テレビでは見たことがあっても、それが自分たちの食べる「お米」と結びついていないのです。理科で「単子葉植物、双子葉植物」を習い、「葉が細く、すじがまっすぐな方が単子葉だよ」と教えても、実際の稲を見たことがなければそれを理解するには時間がかかるでしょう。

親子で〝感情を動かす〟ことを心がける

実際にすべてを経験することなどはできませんが、いつも親子の会話があり、連れ立って買い物に行き、子どもが興味を持ったものがあったらすぐに一緒に調べられる図鑑などがあり、時には家族で水族館や動物園、公園に出かける環境があるなら、こうした身体感覚、生活知識は自然に身についていきます。

子どもと一緒にテレビを見ているときも、なるべく子どもの好奇心を育てる言葉をかけ、わからないことがあれば一緒に調べましょう。ニュースばかり見ている必要などありません。バラエティでもドラマでも、子どもが興味をもつことはたくさんあります。**子どもの興味や好奇心の芽を見逃さずにそれを育て、広げてあげてほしいのです。**

遊園地の絶叫マシンに乗って下っていくスピードの変化を体験したり、落下速度や角度、乗っている時間、なぜぐるりと一回転しても人が落ちないのか、などを考えてみるのもいいです。材料はいくらでもあります。

こうした体験を子どもとするときは、一緒に親自身が喜び驚いてください。「この子は恐竜が好きなんだな」と思ったら、一緒に図鑑を見て「うわあ大きい」と驚き、「どうせなら実物の骨を見に行こう」と博物館に誘って、子ども以上に驚きましょう。単に図鑑を買い与えたり連れていくだけでなく、親自身が感情を動かすことで、子どもは伸びていきます。夫婦の信頼関係がしっかりしていれば、「恐竜関係はお父さん」でもいいでしょう。

両親のどちらかが、子どもと一緒に感情を動かしてあげることです。

家庭教師をしていると、私が教えている横でお母さんも楽しんで聞いている家庭の子どもは、非常に短期間で伸びます。これは何年生でも変わりません。親が面白がれば子どもも面白がるのです。

こうした中で育った子どもは、中学入試でもうまくいきます。幼いころから育まれた知的好奇心や身体感覚、生活で得た知識があり、同時に小学校で習う基礎的な「読み、書き、ソロバン」の訓練ができている子は、小学校4年生からの受験勉強も非常にスムーズです。

単に「読み、書き、ソロバン」に長けているだけで生活体験が貧弱な子どもは、小学校

英才教育のほとんどは有害ですらある

4年生までは「できる子」でいられますが、その後が苦しくなってきます。

幼児期から早期英才教育を謳う塾などに通わせているご家庭もありますが、早期教育よりまずは家庭の環境、会話を第一に考えましょう。

しかもこうした**「早期英才教育」というのはほとんどが役に立たず、むしろその後よくない影響が出ることも多いのです。**

英才教育などしなくても、脳は適切な時期に適切な速度で成長していきます。自然に逆らって特殊な方法で成長速度を上げようとすると、必ずどこかにひずみが出てきます。

たとえばフラッシュカードを使ったもの、右脳教育など、いずれも訓練すれば反射的にどんどん答えが出せるようになりますが、「わかった！」「なるほど！」という理解、納得感、面白さはなく、感情はまったく動いていません。

早い時期から機械的に直感だけの訓練ばかりを続けていると、文章を読んでも感情の動きが理解できない、好きなことをしているはずなのに表情が動かない、遊びに連れて行ってもあまり楽しそうでないなど、感情の起伏が起きにくくなってしまうのです。

さらに直感に頼る学習ばかりしていると、小学校高学年になり、本格的に考えなくてはならない発展的な問題も「カン」だけで解こうとします。文章問題も、適当にパッと見て意味がわかったような気になってしまうのです。

小学生向けの速読教室というものもありますが、私はまったく不要だと思います。この速読練習は、黙読のスピードを上げる目的で行われます。多くのケースでは、目から入った文字を含む画像情報から意味を抽出するよりも何倍も速い視線移動を要求されます。このような速読で読書が好きになるわけでもないし、教科書も塾のテキストも、試験問題も通常のスピードで読めれば十分。

むしろ、情景を想像しながら心理を感じ取る読書本来の楽しみを知らない子どもになってしまうでしょう。私が知る限り、**速読をやっている子はまず国語の成績が下がり、続いて算数がダメになります。**

面白みのない基礎訓練は親が「楽しく」させる

小学校1年生から塾に行かせる必要はないと書きましたが、別に「行ってはいけない」という意味ではありません。たとえば公文は基礎訓練の反復ですから、それなりに効果が出る子はたくさんいます。ただ、発展的な受験勉強に直接役立つものではありません。

学校の授業が十分理解できない場合は補習塾を利用するのも悪くありませんが、進学塾と同様、塾にまかせっぱなしで「塾の宿題をやりなさい」と言うだけでは意味がありません。塾でやったことをきちんと復習させ、宿題もきちんとフォローし、テスト直しも親が常にそばについてやらせることが大事です。小1〜小3の子どもに、自分で計画を立てて学校の宿題、塾の宿題、復習などをやらせるのは不可能です。

ひとつつけ加えると、**「中学受験対策」の進学塾に小1〜小3から通わせる意味はほとんどない**と思います。そもそも進学塾がこの学年の子どもを集めるのは、小4〜小6で通ってもらう「囲い込み」の意味合いの方が大きいからです。もちろん一番囲い込みたいのは、超難関校に挑戦できそうな「レベルの高い子」です。

低学年の塾の学習というのは、基本的にそんなに「楽しい」ものではありません。

小4～小6の進学塾だと、学校とはまったく違う塾の先生の授業そのものの楽しさがあるし、「わかった！」「なるほど！」と感じたときのうれしさもあります。こうした楽しさは、基礎訓練を土台とする発展学習のなかにあります。この「なるほど」を繰り返すほど、子どもは伸びるのです。

しかし、小1～小3の塾においては、進学塾系は受験問題の先取りが多く、補修塾系は簡単なことの繰り返しがほとんどですから、楽しくないと感じる子どもが多いのです。公文も、たくさんのプリント宿題に四苦八苦する子どもがいます。だからこそ、ゲーム感覚で「昨日よりたくさんできた！」「早くなった！」と楽しめる工夫や演出をして、教室の先生も意識的にほめる機会を多くしているわけです。

家庭で塾の宿題や復習などをしているとき、楽しい演出をしてあげられるのはお母さんしかいません。勉強しているときに励まし、笑いかけ、ほめてやってください。子どもはお母さんが笑いかけほめてくれることで「今自分がやっていることは、いいことなのだ」と判断できるのです。

宿題をやっているとき、お母さんがしかめっ面でにらんでいたら、楽しくないものがますます楽しくなくなるだけ。勉強が好きになるはずがありません。**好きではないこと、楽しくないことが長続きするわけがない**のです。

勉強量のキャパシティを見きわめる

早期教育、公文、ソロバン、補習塾、ついでに通信講座もやり、さらにスイミングにも行かせ、週に6日は何かしら予定があり、お母さんはすべて熱心に指導——。

こういう環境で育った子どもが、いざ中学受験という5年生、6年生になって、「あれほどやったのになぜ」というほど普通の成績しかとれないことがあります。そのような場合、小学校2年生くらいの時点で、すでに「勉強ぎらい」になっているケースが多いのです。

やるべきことを終えて遊んでいても、それだけでお母さんの機嫌が悪くなるような家庭だと、子どもはますます勉強をイヤがり、当然成績も伸び悩みます。子どもはお母さんのよろこぶ顔がうれしいから言われたとおり勉強するのですが、勉強しているときは「当然」という顔で笑顔は見せてくれず、少しでも勉強以外のことをすれば不機嫌になる――。このような状況では、子どもは何ひとつ楽しいことがないと感じてしまいます。

塾も、習い事も、子どもによってその年齢におけるキャパシティが違います。どのあたりが自分の子どもの限界なのかを注意深く見てあげてください。小1〜小3で「やりたいというからやらせてみたけど、成績も上がっていないし楽しそうでもない」「親子の会話がなんだかトゲトゲしくなってきた」「お母さん自身もイライラしている」という状態になったら、一度習い事や塾を全部やめるか、減らしてみることをおすすめします。

サッカーやスイミングやピアノなどの習い事の場合も、本人が楽しくないものは決して効果が出ません。練習が辛くても本質的に好きなことなら子どもは楽しんで続けますが、好きでなければ上達することはないでしょう。スポーツなどの場合は、親も「どうしてもイヤならやめていいよ」と言いやすいですが、勉強の場合「やめていい」とはなりません。本人がイヤでも宿題はやらせなくてはいけないし、授業をきちんと聞くよう言い聞かせなければならないのです。

しかし、低学年の塾や通信教育のようなものが多すぎるようであれば、「もっと頑張りなさい」と無理強いしても仕方がないでしょう。

「塾に行きたくない」と言い出す理由は　勉強がイヤだ、ということ以外にもいろいろあります。たとえば塾の友だちにいじめられた、塾の先生に厳しく叱られた、先生がキライ、塾の時間に別の習い事がしたい、などなどです。オーバーワークだとは思えないのに塾をイヤがる場合は、塾の先生に様子を聞くなどして原因を探ってから対処しましょう。

小学校低学年では「どのようにやるか」が重要

小学校1年生で最初に身につけさせなくてはならないのは、「学校の宿題を必ずやる」という習慣です。学校の宿題は簡単なものでも毎日出ますから、宿題はなるべく毎日同じ時間帯にさせましょう。それ以外に教科書準拠の問題集などを少し加えておけば、中学受験を考える場合でも十分です。

1年生なら1日20～30分、どんなに時間がかかっても40～50分で終わる分量が限界でしょう。1教科あたりの集中できる時間は「10分×学年」が標準だと考えてください。これを毎日の生活に習慣として、クセとして取り込むようにすればいいのです。

勉強は、常に「何を」「どのように」やるのかを考えましょう。「何を」というのは、「国語の宿題と、参考書の10～12ページ」というようなことですが、「やればいい」「終わればいい」わけではありません。むしろ、「どのようにやるか」ということのほうが重要です。小学校低学年のうちに、ていねいにやることをクセにしておきましょう。学校の宿題をすごい勢いで片づけたりしてはいけません。

やさしい問題でも問題文をきちんと読み、字をていねいに書き、落ちついて答えを書いてきちんとチェックする。◯×式や選択肢がある問題でも、きちんと文字や記号、数字を解答欄の枠の中央にていねいに書いているか、テキストへの書き込みは後から読みやすくなっているか、教科書やプリントをクシャクシャにしていないか。こうしたことはお母さんが気をつけてあげてください。

いきなり完璧にはできなくても、毎日少しずつ、昨日より1ランクでもていねいにやらせるようにしてください。「**ていねいにやる**」**というのは、実は**「**正しい答え**」**について興味を持つこと**だと言い換えてもいいでしょう。そこに至るまでの過程を大事にし、せっかく導き出した正答は、ていねいに書き込む。終わらせることだけに意味があると思わせないようにするのです。

学校の先生が宿題をチェックする際、「合っているか間違っているか」にはほとんど興味をもちません。「やってきたかどうか」が最大のポイントで、間違っていても「やってきた」ならハンコを押してくれます。「どこで間違ったのか」「なぜ間違ったのか」ということまで考慮して指導してくれるわけではないのです。

お母さんも同様で、つい「宿題はやったの？」「終わった」「じゃあテレビを見てもいいわ」ということになりがちです。

毎日決まった時間帯に、ていねいに勉強する習慣がつくまでは、常につき添ってあげてください。習慣がつけば多少目を離しても大丈夫ですが、やはり子どもはラクなほうに流れていきます。特に男の子は「さっさと終わらせて遊びたい」と、だんだん乱暴に片づけてしまうようになるので、もう大丈夫と思っても1週間に一度くらいは、手綱を締め直してあげましょう。叱りつける必要はないですが、昨日よりていねいにできていれば、ほめて励ましてあげてください。

「鉛筆のもち方」は成績に直結する

ていねいに宿題をするために気をつけたいのが鉛筆のもち方とノートのとり方です。

塾の講師をしていて気づいたことですが、問題用紙に残った計算のあとなどを見ていて、「ずいぶん汚いなあ」と思った子に鉛筆をもたせ「きれいな字を書いてごらん」と言うと、半数の子は書けるのですが、残りの半数はきれいに書こうとしても書けない。そしてその子たちの手元を見ると、みんな鉛筆の持ち方がおかしいのです。

伸ばした親指と人指し指だけで持っていたり、全部の指で握りしめていたり、あるいは鉛筆が垂直に立った状態で持っていたり……。

鉛筆が正しく持てないと、学習の能率は大きく落ちます。「字が汚くて計算間違いが多い」という子がいますが、鉛筆の持ち方が悪いため、きれいに書こうとしても書けないことが原因なのです。成長してから鉛筆の持ち方を直すのは、お箸の持ち方を直すのと同様でなかなか大変です。小学校低学年のうちに気をつけてあげてください。

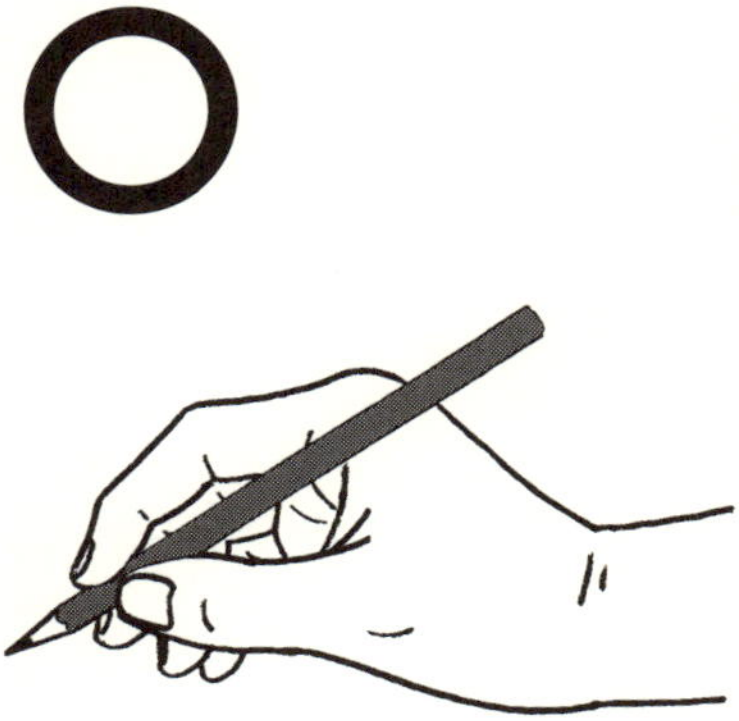

正しいもち方

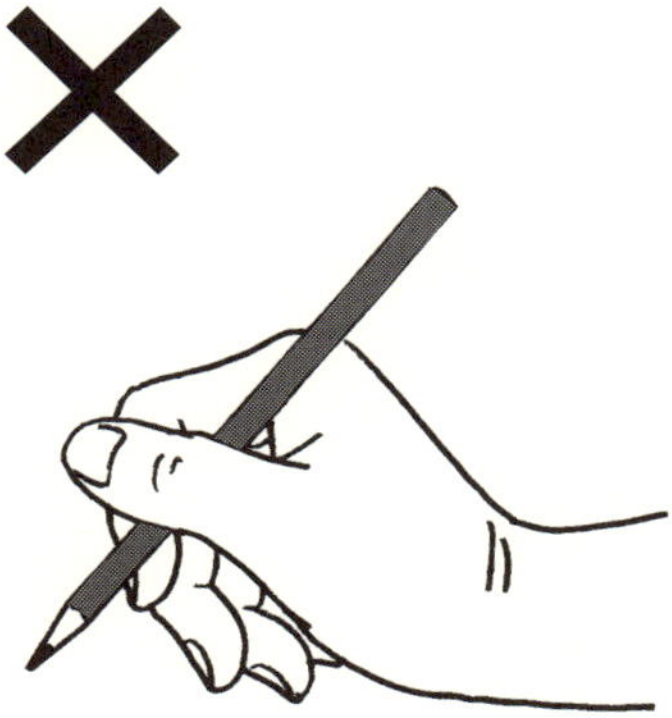

親指と人差し指だけでもっている

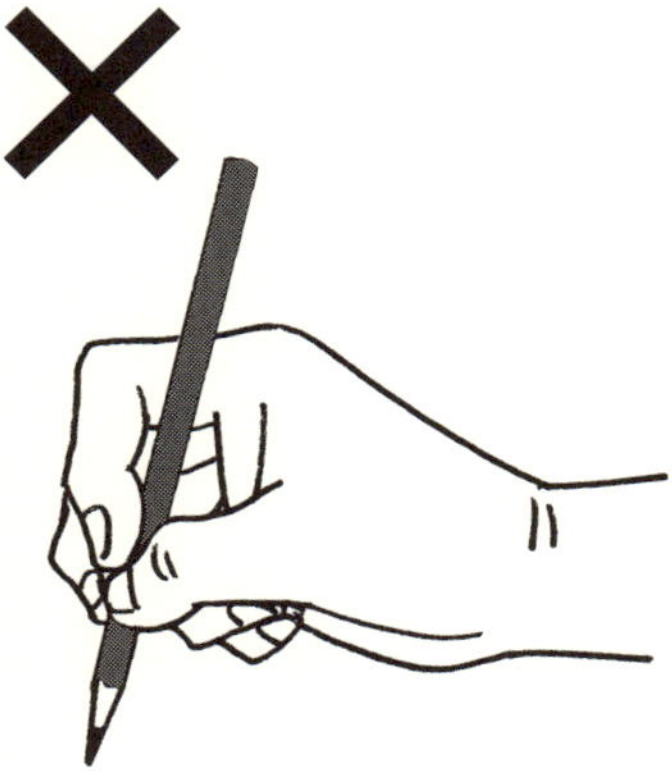

親指、人差し指、中指で
握り、立ててもっている

指で握り込むようにもっている

正しい角度できちんと鉛筆を持つと、右目だけで見ても左目だけで見ても、鉛筆の芯の先端がよく見えます。自分の書いている文字がよく見えない状態のまま書いていると、さらに持ち方が悪くなっていきます。

書いていてすぐに疲れる、スムーズに鉛筆を動かせないというような状態では、線や図形を正確に書けません。書いた文字がきちんと見えていないと、数字を書き間違えたり、書いた数字を読み間違えたりするミスにつながります。将来、数学で「+（プラス）」や「－（マイナス）」が出てくると必ず間違えてしまうでしょう。

鉛筆の持ち方がおかしいと思ったら、いきなり叱ったりせず穏やかに少しずつ直してあげてください。高学年になればシャープペンシルや、クッションのついた太い筆記用具を使うこともあるでしょうが、低学年のうちは鉛筆の正しい持ち方を身につけておくべきです。まだ指や手に力がなく筆圧が弱いうちから硬めのシャープペンシルなどを使っていると、軸の細さや芯の硬さに指を合わせようと不自然な持ち方になってしまうことがあります。

「ノートのとり方」も教えてあげなければならない

また、ノートのとり方にも鉛筆の持ち方は大きく影響します。問題を解くとき、問題文の余白に考え方を書いていくことが多いのですが、その文字がどんどん曲がっていったり、改行するごとに右のほうに寄っていってしまったりします。

問題文への書き込みや授業中のメモは、後から自分の考え方をたどるうえでとても大切です。これが汚いと、復習のときもテスト直しのときにとても困ります。また、持ち方が間違っていると自分で書いた文字を自分の手で隠してしまうこともあります。算数の問題文が手で隠れたまま解こうとしている子もよく見かけます。

きれいな、というより読みやすいていねいな文字でメモやノートが書けることは、論理的な考え方の基本。自分が書き取った言葉や数字をもとに次の思考に進めるわけですから、一度元に戻って考えようとするとき、自分が書いたものの意味がわからないと先に進めなくなってしまうのです。

さて、鉛筆が正しく持てるようになったら、**ノートは右目の前に置かせてください。**書き込みたいページを右目のまっすぐ下に置くことです。こうすると、鉛筆の角度は自然に45度になり、正しい持ち方のまま書けます。もちろん、縦、横の線も引きやすい。

体の真正面にノートを置くとどうしても腕がきゅうくつになり、鉛筆が真横を向いてしまいます。書きにくいので、子どもはノートを傾けてしまう。だんだんその傾きがひどくなると右手のヒジが机の上に乗ってしまう姿勢になり、手首が内側に曲がってしまいます。この姿勢で線をまっすぐ横に引くことはできません。低学年の子どもが宿題をするときは、必ず鉛筆の持ち方に留意しましょう。悪い持ち方は学習に影響を与えるだけでなく、そのまま続けると関節が変形して固まってしまうことさえあります。

左利きの子どもについては、無理なくできるなら右利きに直してあげたほうがいいと思います。もともと日本語の文字は左利きには書きにくいうえ、横書きの場合は自分で書いた文字が隠れてしまいます。そのため、鉛筆の持ち方やノートの書き方が不自然になりがちです。

線分図やグラフも左側を起点とするため、左利きだと起点を手で隠しながら書き進めていくことになり効率がよくありません。左利きのままでは算数で少し損をします。

○

右目のまっすぐ下にノートを置くと、鉛筆の角度は自然に45度になり、正しい持ち方のまま書ける

×

体の真正面にノートを置くと腕がきゅうくつになり、鉛筆が真横を向いてしまう。書きにくいのでノートがだんだん傾き、ひどくなると右手のヒジが机の上に乗って、手首が内側に曲がってしまう

あまり無理やり矯正しようとせず、「右も左もどちらも使えるようになろう」というように、少しずつやってみてください。どうしても矯正しなければならない、というものではありません。

「音読」はすべての教科の力を伸ばしてくれる

小学校低学年のうちからやらせてほしいのが「音読」です。小学1年生からぜひやってください。読むものは教科書でもいいし、童話でもかまいません。子どもが飽きてしまうようだったら、2年生、3年生向けのものでもいいでしょう（わざわざ難しいものを読ませる必要はまったくありません）。

音読の大切さについては、『声に出して読みたい日本語』（草思社）の著者である齋藤孝先生も繰り返し説明しているとおりですが、ぜひ1年生から実践してみてください。

スムーズに音読する練習を続けると、周辺視野も鍛えられます。つまり、今声に出している部分より先を目で追えないと、すぐにつかえてしまうからです。こうした目の動きは、いろいろな学習でも必要になります。

また、文節の中で単語の意味を理解することで、語感を鍛えることもできます、助詞の使い方がわかるようになることも、とても大きいと思います。

5、6年生になっても「30－5」を「30を5で引く」と言ってしまう子がいます。「30から5を引く」が自然に出てこない。「30を5で割る」「30に5をかける」なども同じで、**日本語の「を」「から」「で」「に」などの助詞をきちんと使い分けることができないと、すべての教科の学習で苦労します。**これは音読経験の不足が大きな原因です。

きちんと声に出して音読すると、黙読だけでは理解できなかったことも、不思議なほど理解できることがあります。

「先生、この問題わからない」と算数の文章問題文を持ってきたとき、「じゃあ、まず問題文を声に出して読んでごらん」と音読させると、それだけで「あ、わかった！」と解き始めることが非常に多いのです。

算数の文章問題には、「3行の壁」と言われるものがあります。文章題の問題文が3行を超えるとチンプンカンプンになってしまう子どもが少なからずいるのですが、**音読の習慣がある子はこの壁をすぐに超えられる**のです。

音読にも「通常の音読」と「速音読」の2種類ある

勉強が苦手な子の読み方を見ていると、問題文を読んでいるようでぜんぜん読んでいないということが多いようです。10行あるのに、目の動きを見ていると5往復くらいしかしていません。こういう場合も、問題文を音読させると解ける場合がけっこうあります。

子どもに音読させるときに私がおすすめしているのは、「通常の音読」と「速音読」のふたつを組み合わせる方法です。

通常の音読は感情を込め抑揚や緩急をつけて読みます。一方、速音読はできるだけ滑舌よくハキハキと、速いスピードで読みます。そのふたつをやってみましょう。前者は童話などに、後者は説明的な文章を読むときに適しています。小学1年生だったら、小学生新聞のようなものや、動物や宇宙のことなどを書いた子ども向けの科学読物などがいいですね。

音読することで文章に込められた感情を読み取る力がつき、文章同士のつながりの理解が進みます。一方、黙読を訓練するとスピーディーに読むことができるようになります。しかし、黙読だけだと感情がわからなくても筋だけ追ってしまったり、めんどうな文章を飛ばし読みしてしまったりするようになりがちです。

特に、小学校低学年のうちはしっかり音読することでこうした力が育ち、確実に黙読の場合の読解力も伸びます。

大人の読書家になると、文字という視覚的画像情報が直接、意味情報に変わるそうですが、文字を読むことを覚えたばかりの子どもは、まず視覚情報を音の情報にしてから意味情報に変えることが多いのです。だから、最初の段階では音読を大切にしてください。

なぜ「読書好き」でも国語ができない子がいるのか

読書好きなのに国語の成績が悪い子というのは、実はたくさんいます。「うちの子はものすごくたくさん本を読んでいるのに、国語の偏差値が30なんです。どうしてでしょう……」と困っているお母さんがたくさんいるのです。

そこで、その子の読書傾向や読書の仕方をよく観察してみると、ほとんどが「ストーリーを追うだけ」の読書です。どんどん飛ばし読みに慣れてしまって、あらすじだけを追っている。**あまりストーリーと関係がない部分を飛ばしてしまっている**のです。

主人公が出てくるところ以外は飛ばして読むという子もいます。すると、あらすじはわかっても「主人公はどんな家に住んでいた？　自然はたくさんある？」「この話はいつの時代の物語なの？」といったディテールを聞いても、まったく覚えていないのです。

早い時期からこういう読み方をするクセがついてしまうと、いくらたくさん読んでも「読書」は深くなりませんし、心理描写や情景描写の素晴らしさを味わうことはできません。これでは、読書の本当の楽しみを知っているとは言い難いでしょう。

国語の成績が伸びないのも当然です。登場人物の心理状態を問われても説明できず、素材が物語文ではなく説明文になると論旨を正しく理解できないわけですから。

影響は国語だけでなく算数にも及びます。論理的な説明文が理解できないと、問題の意味がとれないからです。国語の学習に論理的な理系脳が必要である一方、算数の学習には国語力が必要なのです。

「読書好きだから安心」と思わず、どんなものをどのように読んでいるか、普段から見てあげてください。

筋ばかりを追う読書をしているようだったら、今読んでいるものの一部を音読させてみてください。音読してはじめて、黙読では気づかなかったことがあることがわかるはずです。続けるうち、黙読の仕方も少しずつ変わっていくでしょう。

3年生までにどんな文章でもスムーズに音読できるようになれば、国語の成績は自然に伸びていくはずです。そうなれば、授業をしっかり聞き、あとは漢字の勉強だけさせておけばなんの心配もありません。

高学年になってからでも、音読はときどきやるようにしてください。読むものを学年に合わせて少しずつ高度なものにして、子どもが興味のある科学読物などを読んでもらい、お母さんはそれを聞いている、というのが理想的です。説明文なら岩波書店のジュニア新書などがおすすめです。科学、歴史、文学、語学、世界の動きなどの分野はもちろん、インターネットや農業、身近な食べ物のことまで多彩なラインナップがそろっています。

小学生には少し難しいものもありますが、子どもが興味を持つものならぜひ読ませてあげてください。お母さんも内容をちゃんと聞いて、読み終わったら話題にしましょう。

音読のさらに前段階は、お母さんの「読み聞かせ」です。乳幼児期から寝る前などに親からたくさん読み聞かせをしてもらった子は、だいたい本を読むことが好きになります。

また、自分で音読をすることも楽しんでできます。

中学年、高学年になってきたら、お母さんが読みたいものを子どもに音読してもらう、というのもいいアイデアです。ふたりにとって楽しい時間になるでしょう。

子どもと話すとき「助詞」をきちんと使えていますか？

これは音読とも関係がありますが、**親子の会話も子どもの成長に大きな影響を与えます**。

特にお母さんの話し方が大きいのです。「宿題は？」「ほらお風呂」「早く！」「時間よ！」などの言葉ばかりだと、子どもも同じような話し方しかしなくなります。

母「今日、学校は？」
子「楽しかった」
母「テストは？」

子「フツー」

このような会話になっていないでしょうか。

家族同士だから、主語、述語、目的語をきちんと助詞でつないで話す必要はない、という場合もあるでしょう。しかし、そればかりだと、「メシ、フロ、ネル」しか言わない大人と変わりません。親子でも夫婦でも、以心伝心に頼ってばかりでは、コミュニケーションにならないだけでなく亀裂を生みさえします。

母「今日、放課後に何か楽しいことはあった？」
子「うん、友だちと遊んだよ」
母「誰と何をして遊んだの？」
子「○△君と公園でサッカーをしたんだ。×○君と、2組の□△君も来たんだ。みんなでリフティングの競争をしたら×○君が10回で僕は8回で2位だった！」

このような会話であってほしいのです。

どんなにたどたどしくても、回りくどくても、「楽しかったのならなんでもいいわ」と話を打ち切らず、辛抱強く聞いてあげてください。お母さんのほうも、子どもと話すときはなるべく「てにをは」をきちんと使うように意識してください。

受験勉強と両立できる習い事、できない習い事

習い事についても少し触れておきましょう。英才教育のようなものについては、私は否定的ですが、野球やサッカー、スイミングスクール、ピアノ、ダンス、バレエ、習字、ソロバン、と習い事はさまざまです。

もちろん子どもが喜んで通うならどんなものでもいいのですが、ほかに塾や通信教育などを並行して習っている場合、スケジュールが過密にならないようにすることが大事です。**週6日も予定がある、というのは低学年の子どもにとって負担が大きすぎます。**

もし、サッカーや野球のように練習量の多い習いごとをしている子どもに中学受験をさせるのであれば、少なくとも6年生になったら一度中断する必要があります。時間的にも

体力的にも、受験勉強との両立は難しいからです。

ただ、ピアノ、ダンス、習字などのように「個人種目」の習い事であれば、練習量を家庭の都合に合わせて減らすこともできるので、中学受験と並行して続けることも可能です。同じ理由から、スイミングを受験と並行して続ける子も比較的多いようです。

競泳選手を目指すクラスでは難しいでしょうが、楽しみに通っている場合は気分転換にもなるため、受験勉強中の心と体のメンテナンスには向いています。

ソロバンは、5年生の終わりまでに1級がとれそうでなければ、途中でやめてしまっていいと思います。1級のスキルがないと受験に使える暗算ができません。3級程度の「10問のうち1問間違える」というレベルの暗算だと、受験勉強には役に立たないのです。

1級のスキルは円周率3・14の掛け算が一瞬でできるレベルですから、これは受験でも強い武器になります。塾の授業で教室にソロバン1級の子がひとりいると先生も助かります。式だけ板書して、「○□君、答えいくつ?」と聞けばすぐさま教えてくれる。

ソロバンは10進数の感覚が身につくので1級がとれなくてもやる意味はありますが、本当に受験に役立てるつもりなら5年生までに1級をとらせてください。

子どもの勉強をじゃましない
適度な生活音は

昔と違って、今は「自分の部屋」を持っている子どもが多いようです。部屋には立派な勉強机や本棚、ベッドなどがあるはずです。でも、「勉強は子ども部屋の勉強机でするもの」とは限りません。**特に小学生の学習は、子ども部屋でひとりでさせるものではない、と考えましょう。**

私は家庭教師として多くのご家庭を訪問しますが、小学生の学習は子ども部屋ではなく、お母さんの目が常に届くリビングでする習慣をつけるようお願いしています。

子ども部屋は、子どもにとって誘惑が多すぎるのです。オモチャ、ゲーム、マンガなどに囲まれていたら、どんな子でもそちらに気をとられます。ケータイやスマホを持っている子ならなおのことです。「宿題をやりなさい」と子どもを部屋に行かせ、しばらくしてから部屋に行くと、ドアを開けたとたんにドタドタ、バサバサとゲームやマンガを引き出しに隠す……。これが「当たり前」くらいに思っていたほうがいいでしょう。

「お母さんの留守中に勉強をしていなさい」と言っておいても、だいたい子どもはお母さんが帰る直前までゲームをしているものです。帰って試しにゲーム機を触ってみると、すごく熱くなっている、というのもよく聞く話です。

学習習慣をつけるのは、子どもひとりの空間では大変難しいものなのです。

リビングでは集中できないのではないか、参考書などが足りなくなるのではないか、という心配は無用です。テレビは消すべきですが、お母さんが夕食をつくる音や、「今日はハンバーグにしようか」「うん、ふたつ食べたい」といった自然な会話、生活音は安心感をもたらし、集中のジャマにはなりません。ある程度こうした音がしていたほうが、脳は活性化されるとも言われているのです。

それに、勉強机よりリビングのテーブルの方が大きいことも多いでしょう。プリントなどを思いっきり広げられますし、音読にも最適です。

夕食前の毎日30分、お母さんと一緒にリビングで勉強するという習慣なら、親にとっても子どもにとっても続けやすく、楽しいものになるはずです。

また、**リビングをきれいに片づける必要はありません。**適当に散らかっていてもいいのです（ただ子どもの記憶の範囲内に収まっていることが大切です）。本棚は、お父さんの本やお母さんの料理雑誌、子どもが読みかけている本や参考書、図鑑もなんとなく混ざっているような状態で大丈夫。リビングの一角に、子どもの自宅学習用の筆記用具、文房具、参考書とノートだけ、置き場所を決めておけばOK。それ以外では、デジタルでない長針、短針、秒針のついた時計、地球儀、温度計、湿度計、日本地図、辞書、動植物や自然を扱った写真集なども置いておくといいでしょう。

テレビ、スマホ、ゲームはなるべく遠ざける

成績が振るわない子の家庭は、どうもテレビの台数が多いように思います。リビングに2台、ダイニングに1台、さらに子ども部屋にまでテレビがあった例もあります。ご家族の興味がテレビばかりなのでしょうか、リビングには本棚も見当たらず、子ども部屋にあるのもマンガと参考書だけ。テレビが悪いというわけではありませんが、家族が幅広い知的好奇心を持った家庭のほうが子どもは成長します。

子どもに本を読ませたければ、お母さんも読み、子どもに勉強をさせたければお母さん

も学ぶ。高学年の受験勉強の内容をぜんぶは理解できなくても、「お母さんに教えて」と頼んで子どもに説明してもらい、ちゃんと聞いて理解しようと努力してください。「なるほどねえ」としか言えなくてもいいのです。

「勉強しなさい」「本を読みなさい」と口うるさく言い続けるだけで、お母さんがソファでテレビばかり見ていたら、子どもが勉強するはずはありません。

もうひとつ気をつけてほしいのが、やはり今はゲームとスマホです。低学年の場合は、スマホといっても、ほぼゲーム機として使うことのほうが多いですが、ゲームというのは一度始めると子どもが自分の意思でやめるのは難しいものです。「30分」と約束しても、「きりがいいところまで」になりがちです。

ゲームというのはほとんどが反射神経の訓練です。すぐ上達しますが、一種の中毒性があるのでどんどんはまってしまう傾向があります。**反射的な反応ばかり鍛えていると、深く考えるべきときに考えられないという弊害が出ます。**これはフラッシュ暗算や速読の短所と同じです。

ゲームやスマホを「持たせない」という選択肢もありますが、与える場合はそこをよく考え、「リビングでしか使わない」「必ず決められた時間だけにする」といった約束をきちんと決めてからにすべきです。また、留守番をさせるときは親がゲームを預かるくらいにしないと、子どもはひたすらゲームをし続けることになります。

勉強によくない影響が出るだけでなく、液晶画面を長い時間見続けることは目にもよくありませんし、寝る前だと安眠を妨げることもわかっています。こうしたことを子どもにもよくわかるよう話してあげて、親子で節度のある時間だけ楽しむようにしてください。

子どもに禁止しておきながらお母さんが常にスマホをいじっているようでは、効果はありません。そのくらいの覚悟をもって接してください。

6

章

無理なくムダなく進む
合格までのスケジュールの立て方

進学塾に通うなら最初から4教科で始める

塾の科目は4年生から「4教科」で始めるのが鉄則です。4年生のうちは算数と国語だけでいいというのは間違いで、必ず途中でつまずきます。5年生から理科、社会を始めると、習っていない項目がすでにその段階で非常に多くなってしまうからです。

塾では社会の地理分野の半分以上は4年生で終わりますし、理科の「光」、「身近な動植物」など大切な単元も終わっています。社会では、文字の羅列としての知識ではなく、たとえば「雪の多い地方のくらし」などのように具体的で生活に直結した話題をあつかい、理科では「春のころ」「夏のころ」などのように、実体験に近い話題を学習します。

今後、新たに仕入れていく膨大な知識をつなげていくための「核」となる知識や考え方の多くが、4年生で終わります。そのため、5年生からだと負担が大きくなってしまうのです。

理科や社会は毎週どんどん先に進んでいくなかで、まったく違う分野の単元でも追いつこうとすると、とても大変になってしまいます。

本気で中学受験を目指すなら、4年生から4教科を取ってください。1週間のうち算数と国語が2回ずつ、理科と社会は1回ずつ。合計で6コマになりますが、たとえば月曜と金曜は算数と国語、水曜に理科と社会といったものがレギュラーの時間割になり、さらに土曜特訓などが加わる場合もあります。

上位クラスに入ることの意味

入塾のために準備が必要なこと、入塾のためのテストがありそれがクラス分けを兼ねていること、また最初の段階でできるだけ上のクラスに入っておくべきこと。これらについては、2章でご説明した通りです。

なぜできるだけ上のクラスに入ったほうがいいのかというと、前述した通り入ってから上がるのがかなり難しいからです。どんな塾もパンフレットには「入ったときは一番下のクラスだったのに、どんどん上がって難関校に合格」なんていう「体験談」が載っています。しかし、**こういう例は本当にめずらしいから載っているだけ。**

塾の授業はそれぞれのクラスの実力に応じた内容になっています。したがって、同じ問題でも下のクラスではより簡単な解法を1種類だけ教えるということもあります。塾によっては、上のクラスは授業時間数が多い場合もあるため、日常的に差が広がりやすいケースもあります。

クラス分けテストは1種類だけで、上のクラスの子も下のクラスの子も同じテストを受けます。つまり下のクラスの子にとっては習っていないことがたくさん出題されるということで、当然点数は伸びにくくなる。テキストには入っているので、習っていない問題は自分で勉強するしかありませんが、それはほとんど不可能です。

入塾段階でできるだけ上のクラスに入ったほうがいいというのは、そういう意味です。

もちろん入塾後の努力でクラスが上がることはありますが、反対に下がってしまう場合もありえます。

スケジュールは「目的」から逆算して立てる

中学受験では、先の予定を見据えてそこから逆算したスケジュールを立てることが大切です。2月からのクラスが1月のテストで決まるなら、前年11月から準備をする必要があることはもちろん、**受験日から逆算した準備も必要です。**

逆算のテクニックは、あらゆる局面で大切だということを忘れないようにしてください。

たとえばある塾では、6年生の7月から「志望校別特訓クラス」が始まります。志望校がもう決まっている段階で、対象の中学向け対策クラスがあるなら絶対に受講すべきです。

しかしここでも「受講資格」は限られます。この塾では6年生の5月、6月の学力テストのどちらかで「指定偏差値」をクリアすれば志望校別特訓クラスに入ることができます。最終目標は志望校への合格ですが、まずはこのクラスに入るほうが先決です。5月と6月、チャンスは2回あるとは言うものの、5、6月は学校行事が多く準備に集中できない時期。つまりもっと早い時期から準備して、5月のテストをクリアしてしまったほうがいいということになります。

この塾の学力テストは、6年生の4月からレベルがぐんと上がります。5年生までのテストのつもりで4月のテストを受けると、戸惑うことがあるでしょう。そこで、まずは4月のテストを5月のテストの予行演習と考えます。つまり3月から準備を始めて4月のテストを受け、結果がよければ大きな修正なしに5月のテストに臨めます。そして、もしそこで指定偏差値に届かなくても、もう1カ月猶予はあるわけです。

そう考えると、6年生7月からの「志望校別特訓」を受けるのにもっとも大切な時期は3月だということがわかるでしょう。これが、「逆算」の大切さなのです。

塾のシステムやテストの意味、受講資格などを知ったうえで常に逆算し、子どもに「今何をすればいいか」を伝えていくのです。**中学受験で親がすべき最大の「仕事」とは、スケジュール管理に他なりません。**

1日、1週間、1カ月、1学期、そして1年、3年というそれぞれのスパンでのスケジュール管理をやり抜いた親子が、受験の勝者になるといえるでしょう。

「根性」と「気合い」で受験は乗り切れない

ただ、4年生の最初から志望校を「ここ一本！」と決め、ガッチリした理詰めのスケジュールを組んでしまうと、少しでも予定が崩れたときに立て直すことができなくなります。子どもの成績の伸びや健康状態、楽しそうにしているかどうか、なども見きわめながらマネージメントしていきましょう。

決して「根性と気合いが大事だ」などと叱咤激励したり、子どもを深夜1時2時まで勉強させたりしないでください。そんなことをさせて子どもが受験に失敗したら、これは100％親の責任です。

6年生になればたしかに勉強は難しくなり、焦りも出てきて勉強時間は伸びるかもしれません。しかし、あらかじめどのくらい大変になるのかを見越して時間管理をすれば、「やるべきことだけ」を効率よく消化していけるはずです。**限られた時間を子どもにどう使わせるかは、親の力量次第**なのです。

たった1日のスケジュールを見ても、子どもは学校から帰ったあと、これだけのものをこなしていかなければなりません。

・学校の宿題
・塾での勉強
・塾の宿題
・塾の復習
・テスト直し
・塾のテストのための勉強

今日必要なものだけを適切な方法で行うには、どうしてもあらかじめスケジュールを立てておく必要があります。

しかし、いきなり「月曜日は7時から8時は算数の宿題、9時から10時は社会の復習、10時から国語のテスト直しで……」と、機械的に「やること」を詰め込んでしまうと必ず失敗します。10時半にはお風呂に入って寝る予定が、11時になっても11時半になっても終わらない、などということになり、予定が初日で崩壊してしまうでしょう。

また、終わるには終わっても、字はグチャグチャ、テスト直しも適当、しかも睡眠不足……ということになりかねません。これではやらないほうがマシです。

大切なことは、全部並列で詰め込むのではなく、以下のことをよく考えてからスケジュールづくりをすることです。

○何をやるか
○いつやるか
○なんのためにやるか

無理とムダのない1週間の予定の立て方

まず、最初の1週間は無理に予定を立てず、自然なペースのままで子どもに学習をさせ、毎晩寝る前に「その日やったこと」を書き出します。こうすることで、学校や塾の宿題がどのくらい出ていて、どのくらいかかったかがわかります。

次の1週間は、今度は子どもの帰宅後、その日にやらなくてはならないこと、やりたいことを箇条書きにして書き出し、終わったら線で消していきます。書き出したけどやり切れなかったものは、そのまま残して、翌日の「やること」の最初に回しましょう。

2週間がすぎたら、「実際にやったこと」を全部書き出し、これを参考にして1週間の予定を立てるのです。つまり、1週間の予定は2週間かけて立ててください。

以下の点に気をつけて、1週間に落とし込みましょう。

①学校の宿題の予定を必ず入れる
②塾の授業がある日は、塾の復習を必ず入れる
③理科と社会が不足しないようバランスを取る（問題を解くだけでなく、「問題文を読む時間」「解く時間」「暗記の時間」は分けて考えること）

放課後から寝るまでの時間と休日のすべてを塾と勉強だけで埋め尽くすようなスケジュールは立てず、「**少し頑張ればできそう**」**というレベルに調整することが一番大切**で

す。

テストがある場合はその準備、そして必ず入れるべきなのが「テスト直し」です。間違えた問題があれば「次は頑張ってね」と言うだけでなく、**どこを間違えたのか、なぜ間違えたのか、どこがわかっていないのかをチェックするのが本当のテスト直し**です。

塾のテストというと、どうしても点数、偏差値、順位にばかり気を取られますが、本来の目的を忘れずに！

予定表には「暗記もの」「練習もの（計算、漢字など）」「考えるもの」などを区別してマークをつけ、暗記ばかりに走らないように導いてあげるのもいいと思います。

苦手な単元がなくなる「○△×法」

塾の宿題と復習はまったく別物です。まず大切なのは宿題より復習。それも、「塾で習った問題を、答えを見ずにもう一度解ければいい」というだけでは意味がありません。単に解答欄に書いた数字を覚えていただけでは、復習にならないからです。

復習というのは、塾の授業で習ってきたことをしっかり定着させて、類題や発展問題にも使える状態にするためのものです。

基本的なやり方は全教科同じ。こうした復習の時間に、とても役立つ方法をご紹介しましょう。私が考案した「○△×法」です。

これは、塾で授業を受けているとき、すべての問題に「○」か「△」か「×」のマークをつけて分類してしまう、という簡単な方法です。大問ではなく、小問ごとにつけさせてください。

○＝同じような問題が出ても必ず解けるという自信があるもの
△＝そこまでは自信がないもの
×＝さっぱり理解できなかったもの

基準はこれだけです。

塾の復習の基本はその日授業でやった問題を全部もう一度解き直すことですが、集中的に取り組むべきなのは「△」がついている問題です。

お母さんは、子どもが「△」をつけてきたところをもう一度やり直させ、子どもに先生になってもらって、説明させてみてください。この「ミニ授業」は大変効果的です。お母さんは、子どもが説明しているときに口をはさまず、たどたどしい説明でも一生懸命生徒として聞いてください。**お母さんに「教える」ことによって、あやふやだった部分がはっきりわかり、自信をもつことができます。**

「○」の問題は時間がなければやり直さなくてもいいですし、「×」の問題のほとんどは、今はやらなくてもいい問題、またはやれない問題と考えてください。教えるプロである塾の先生が一生懸命説明したにもかかわらずわからなかったのですから、自力でわかるようになるのはほぼ不可能です。次によく似た単元を学習するときにはわかるようになっていることを期待して、その問題には手をつけないのが正解です。

実は大切な「できなくてもいい問題」の見きわめ

「×」の問題については、場合によっては「やる必要がない」と言いました。

塾で学習する問題には、以下の4つがあります。

①今解けて当然の問題
②今解けるようにすべき問題
③今は解けなくてもいずれ解けるようにすべき問題
④最後まで解けなくてもいい問題

1日の授業や宿題に、これが全部含まれていることもあります。

毎日の学習で一番必要なのは①と②です。「×」だったものが①か②だったら、必ずできるようにしておく必要がありますが、③や④が「×」だったら、実はほうっておいてかまわないのです。

この判断は難しいかもしれませんが、塾のテストが終わってからもらってくる「正答率」を参考にしてください。つまり、**正答率が非常に低いものは、超難関校を目指すわけではないのなら、最後まで解けなくてもかまわない**ということになります。

おおまかに言うと、超難関校以外の難関校を志望するなら、「正答率30％以下」のものは解けないままでかまいません。超難関校を目指すなら、20％以上30％以下も「いずれ解けるようにすべき問題」に分類されます。

また正答率20％以下の問題の解法を無理に教え込んで解けるようになっても、それだけで超難関校に合格できるわけではありません。

今現在の子どものレベルや志望校などによって、①と②を集中的に学習することがもっとも効率よく力を伸ばす方法です。

○△×法は、宿題やテスト直しでも使えますから。ぜひやってみてください。時期によりますが、「×」にばかりとらわれていると時間をムダにしてしまうからです。

また、お母さんが「うちの子は簡単な問題は解けるけど、難しい問題が解けなくて困っています」という場合、実は難しい問題以前に、テキストの「例題」がきちんと解けていないことが非常に多いのです。

ある問題で「難しい」とつまずいているようだったら、試しに塾のテキストの例題を解かせ、「お母さんに教えて」と説明させてみてください。

例題が解けていない状態で次のレベルの問題をいくらやっても、解けない問題がどんどん増えていくばかりで、時間も体力も気力も失われてしまいます。

難しい問題を「頑張れ」と無理強いせず、まず例題をしっかり理解させるようサポートしてあげてください。

塾で伸び悩んでいたら基礎訓練に立ち返る

学校では「できる子」なのに「塾に行ってからは伸びない」という例をよく聞きます。また、4年生までは塾でも順調だったのに5年生になってから伸びない、ということもよくあります。進学塾の場合だと、通っている子はほぼ全員がそもそも学校で「できる子」であり、塾でも4年生のうちはあまり大きな差は出ないことが多いため、「学校でもできる、塾でも伸びている」という形で進む場合が多いのです。

ところが5年生になると、学校では相変わらず「できる子」だけど、塾でついていけなくなってしまう子が増え始め、6年生になるとさらに増えていきます。

これにはいろいろな理由が考えられますが、塾に行ってから伸びないという場合は、やはり「塾以前」の生活知識、身体感覚のようなものが問題かもしれません。これらが身についているかどうか、十分に基礎訓練ができているかという点が、学力の差になって表れてくるのです。この点については、5章でお話ししたとおりです。

小学校高学年になってここが弱いことに気づいたら、塾に行き始めてからでも遅くはないので、じっくり子どもと向き合って、会話を増やし、体験を増やしてあげてください。

「学校ではできるのだから、塾でももっと頑張りなさい」「もっと勉強時間を増やしなさい」などの言葉は禁物です。

また、塾のレベルやタイプが合っていないのかもしれません。

「転塾」がいい結果を生むこともある

成績も伸びず、本人もつらそうでやる気が見えないというような場合、基本重視型のところに転塾したほうがいいこともあります。

地域で最もレベルの高い子どもが集まっている塾で塾内偏差値45だった子どもでも、他の塾に移るといきなり偏差値が55に上がることもある。母集団の平均レベルが下がると、本人の偏差値が上がるわけです。

学力が急に上がったわけではないのですが、それでも子どもにとってはとてもうれしいものです。**これをきっかけに、がぜんやる気を出すこともめずらしくありません。**

塾に行き詰まった場合には、塾通いそのものや受験自体をあきらめてしまう前に、転塾を検討するのもひとつの方法です。

レベルが高いと言われているところから転塾すると、なにか「都落ち」のように思うかもしれませんが、お父さんお母さん自身がこういう気持ちを持つようだったら、その影響は確実に子どもに伝わります。これは決していいことではありません。

子どものためにどういう対策をとるのがいいか、じっくり考えてみてください。

直感で解いていると5年生から急に成績が下がる

また、**「5年生になってから伸び悩んでいる」という場合は、それまでの学習法が「カン」に頼りすぎていたということも考えられます。**

4年生から5年生になると、勉強の質が大きく変わります。4年生は塾でも基礎訓練の延長が多いので「だいたいカンで解ける」という場合が多いのです。図を見て「ここは直角に見える」とか「この辺の長さはたぶん等しいのだろう」というカンだけで、そうなるように解いてしまえばだいたい正解できます。

しかし5年生になると、これを裏切る問題がどんどん増えていきます。子どもの直感をいちいちはずすような問題ばかりになり、そこで限界がきてしまうのです。

計算にしても、きちんと式を書かずにざっと暗算して答えが出せるのは4年生まで。これはカンというより、単にいい加減にやってもできていたということなのですが、過程を雑にすることに慣れてしまうと、問題が複雑になってきたときに対応できません。

まずAという答えを出し、つぎにBを求め、AとBを使ってCという解答を出す、というとき、頭の中だけで暗算するパターンで乗り切ってきた子は必ずミスをします。

このタイプは男の子に多いのですが、ていねいにやることをもう一度きちんと指導してあげてください。**「終わればいい」「片づければいい」のではなく、やり方が大切**だということを、なるべく早いうちに理解して身につけることが大切です。

カンだよりで過程が雑なタイプの子は、たいてい字が汚いものです。ノートも答案の余白も、何が書いてあるのかさっぱりわからなかったりします。それに気づいたら、できるだけ早いうちに、勉強時間や分量を減らしても、ていねいに解く習慣をつけさせてください。

ノートについては、女の子のほうが一般的にはきれいに書きますが、授業を聞くよりきれいにノートをとることのほうに一生懸命になってしまう子がいるので、これもちょっと注意が必要です。

丸暗記より「理解してから暗記」が数段優れている

暗記が多い理科や社会は、テキストの内容をしっかり読み込み、覚えるべきことを覚えることが重要です。

暗記ものといっても、ただ意味を考えずに丸暗記しようとしても子どもの脳のキャパシティを超えてしまいます。たとえば歴史の年号を覚えるにしても、ただ数字を覚えるのではなく、歴史の流れを理解してから覚えれば、「明治維新」と「廃藩置県」のどちらが先かはすぐにわかります。正確な年号を覚えていなくても問題は解けるでしょう。

また漢字や熟語も、意味を考えず書き取りをするのではなく、漢字の持つ意味、「偏《へん》」と「旁《つくり》」がもつ意味を理解してから覚えることで、ある程度は類推できるようになり、覚えやすくなります。

「暗記力」とは、理解して覚える力です。**記憶力には個人差もありますが、理解から入る暗記によって、覚えるスピード、分量を増やすことにつながります。**もちろん、理解して覚えたもののほうが、忘れにくくしっかり定着します。

直接会わなくても塾の先生の力量はわかる

塾の様子は、親には非常にわかりにくいものです。「授業見学」を認めている塾は少数です。また、実際に授業を担当している先生とコミュニケーションを取ろうとしても、なかなか難しいものです。親との面談は「担任」や、「教室マネージャー」と言われる役目の先生が行うことが多いのですが、実際に子どもを教えてくれている先生とは限りません。

たとえば親が「算数担当の先生に相談したい」と思っても、直接時間をとってもらうことができる塾は少ないでしょう。

志望校の選定などの進路相談はどこでも行っていますが、4、5年生はせいぜい1年に1回。6年生だと1学期と2学期に1回ずつあればいいほうです。

この機会だけでは、日常の不安などを相談することはとてもできません。

親としては、どんなレベルの講師がどんな授業をしているのか、といったことも気になるでしょうが、**「講師のレベルや力量」を見きわめて「この先生の授業を受けたい」というのはほぼ不可能**です。

授業の内容や先生の人となりなどは、子どもから聞くしか手段はほとんどありません。

私も、家庭教師をしている子どもが塾でどんな先生にどんな指導を受けているのか、知りたいと思うときがあります。

そんなときは、子どもが持ってきた塾の授業中のノートを見ながら、「これを書いたとき、先生はどんな説明をしてくれた？」というところから聞き始めます。また「この問題はどうやって解くように教えてくれた？　他の解き方は習わなかった？」といったことを聞いて、先生の力量を知ることも可能です。

一般的に、子どもが楽しそうに「こんなことを教えてくれた」「こんな解き方もあるんだって」などと話してくれていれば、だいたい大丈夫だと思っていいでしょう。そういう先生に教わっていて、成績が急降下しているケースは少ないはずです。

子どもが塾に行きたがらなかったら

問題は、子どもが塾に行きたがらない、また非常に暗い顔をしているときなどです。特定の科目だけだったら、その科目の基礎部分が抜けているせいである場合もあります。そのときは、自宅学習で基礎を固め直す必要があります。

もしくは非常に厳しい先生で、「宿題を全部やっていかなかったらひどく叱られた。もう行きたくない」ということもあります。

先ほど、塾の宿題は必ずしも全部やらなくていいと書きましたが、それで子どもが必要以上に叱られるようではかわいそうです。塾によっては「とにかく全部やってくること！」が鉄則のところもあり、家庭での調整がしにくいところもあります。

その場合は、**少しでも親が講師とコミュニケーションを取るようにすることが大事**です。「今日は体調が悪かったので、全部は宿題をやりきれませんでした」という手紙を子どもに持たせる、というのも一案です。これで子どもが必要以上に叱られることはありません。

塾に子どもを迎えに行き、見送りに出てきた先生に挨拶して顔見知りになっておく、ということも場合によっては有効です。

たいした用事ではなくても、ときどき「今日、少し子どもが家を出るのが遅れましたが、ちゃんと遅刻せずに到着しましたか？」というようなことでも電話をしておくのです。

塾と親のコミュニケーションはなかなか取りにくいのですが、すべての機会をとらえて、会える先生、電話で話せる先生と話したほうがいいでしょう。不満ばかりではなく、感謝すべきことがあればそれも伝えるようにします。

カリキュラムや入試スケジュール、子どもの現在の学習内容もしっかり把握している親だとわかれば、塾側もそれ相応の対応をしてくれます。授業を担当していないマネージャーでも、「○×先生に今度よく聞いておきましょう」と言ってくれるかもしれません。

まずは点数や偏差値などにとらわれず、子どもの表情をよく見て、常に話に耳を傾けて

あげることが一番大切です。

そのうえで、必要だと判断したら、ためらわず塾側に相談してください。

「否定の言葉」は子どものやる気を失わせる

子どもが塾に行くようになってから、親子の会話がそれまでとはまったく変わってしまうことがあります。それもいい方向ではなく、悪いほうに変わってしまう場合がしばしばあるのです。

その原因のほとんどは、「順位や点数が思うように上がらない」こと。中学受験のための進学塾に通い始めた子どもは、前述したとおり学校では「よくできる子」である場合が多く、親も子どもの学力に自信があり、期待もかけてきているでしょう。

ところが、**親が思っているように成績が伸びないと、だんだんに不安や焦り、さらには怒りが出てきてしまうこともある**のです。

しかし落ちついて考えてみれば、中学受験をしようと集まってきている子はみんなそれなりに頑張っており、親も子どもに頑張らせようと努力しているのですから、わが子だけがスムーズに成績が伸び続けていくわけがないのです。伸びていけるのはほんのひと握りの子どもだけで、**「成績が思うように上がらない」という子どもの方が多い**のです。

そこを誤解して「うちの子の成績が上がらないのは、よその子より怠けているからだ」とハッパをかけたり、叱ったりする場合があります。その挙げ句、親子げんかばかりが増えていくようになってしまうのです。

お母さんが言うのは、「今日は塾どうだった？」「テストは返ってきたの？」「早く見せなさい！」「早く復習と宿題をやって、あとは社会の暗記でしょ！」と、そんなことばかり。子どもは笑顔も見せなくなってしまうでしょう。

どうか、こんなふうに子どもを責めたり叱ったりしないでください。

「あれをすべきだ」「これをしなくてはならない」というような、子どもの義務感にばかり訴えようとする話し方をすべきではないのです。

「あなたはここがダメなんだからこうしなくちゃ」「この前のテストの結果が悪かったのだから」「この問題は前もできなかったから」と、なにかにつけて「否定」から話を始め、「だからこうしなさい」という言い方ばかりのお母さんもいます。

しかし「こうしなさい」の以前に、否定された段階で子どもはすでに聞く耳を失っています。**否定の言葉というのは、大人でも子どもでも、とてもイヤな気持ちになるものです。**

お母さんがイライラする気持ちもよくわかります。でもそういうときこそ、深呼吸して「塾の成績は伸びないほうが普通」「ウチの子も頑張っているんだ」と自分に言い聞かせ、まず子どもを肯定する言葉を増やしましょう。

たとえば、「ここはすごくできているのだから、もうちょっとここを頑張ろうよ」「あなたはサッカーだといろんな作戦を考えられるでしょ？　それは算数の解き方をいろいろ考える力にもつながるんだよ」「水泳だって最初はダメだったのにすごく上手になったじゃない。同じ気持ちで毎日少しずつでも続けてごらん」。

こういう言い方なら、きっと子どもの心にも届くのではないでしょうか。

中学受験で成功するたったひとつの秘訣は「成功の予感」

少し前のテレビコマーシャルに、「やる気スイッチ」という言葉を使ったなかなかおもしろいものがありました。そのせいでしょうか、「うちの子のやる気スイッチを入れる方法はありませんか？」というご相談が増えています。どうやら、「やる気スイッチ」という言葉が市民権を得ているようです。

たった一言で、やる気のなかった子どもが急にやる気を出す――。そのような魔法の言葉を期待されているのでしょうが、はっきり申し上げてそんな便利なものはありません。そのような相談を受けるたびに、「『やる気スイッチ』はありませんが、『やる気階段』はあります」と申し上げています。これを、最後に少し詳しくご説明したいと思います。

子どもに「何々をすべきだ」と言ったとしましょう。その内容が親からすれば正当なものであっても、途方もない努力を要求されることだったり、永遠に続く苦難を予感させることだったりすると、やる気はまったく起きません。

子どもは（**大人でもそうだと思いますが**）、「**もうちょっと頑張ればなんとかなりそう**」**と思うことに対しては、すぐに努力を開始することができます。**そして努力を始めてしまえば、「今よりもうちょっと多く頑張れそう」と感じることもできるのです。

この「もうちょっと頑張れば何とかなりそう」と思えることは、実はすでに〝成功の予感〟を含んでいます。「もうちょっと○○を頑張れば、こんないいことが起きそう」という成功の予感です。

この成功の予感に導かれて努力した結果、なんらかの成果を味わうことが成功体験です。この成功体験が自信につながっていきます。

算数の偏差値をあと15上げないと志望校に届かないという場合、いきなり、「塾の復習を2回やり、計算練習を毎日、基本問題を3回、練習問題を週テスト前に2回やらないと、とても合格できないぞ」などと説教口調で言うのはよくありません。目標の「偏差値15アップ」はそのままでいいのですが、そこに向かうための「低い階段」を何段もつくってあげてほしいのです。たとえば、

母「マンスリーテストの大問2の小問で8割正解できれば、どう？」

子「うん、だいぶ上がりそう」

母「どうしたらそうできそう？」

子「マンスリーの前に、4回分Cランクを解き直そうかな」

母「それいいかも。でもちょっと多くない、Cの△だけでもいいんじゃない」

子「そうかな？　じゃあ、BとCの△をやってみるよ」

お「えらいわね。それができて大問2で正解が3つ増えれば、15上がるかもしれないわ。あなただったらできそうね」
子「うん、やってみる」

例をもう一つ挙げておきましょう。

母「テストが終わって家でやるとできるのに、テストの時にできないのはなぜかしら」
子「テストの時は、どうしても焦っちゃって思い出せないんだ」
母「そうね。がんばって勉強しているから学力はついてるとお母さんも思うわ。得点が上がるまでほんの少しのところまできてると思うけど」
子「どうしたらいいんだろう」
母「そうね。いきなり宿題をやるんじゃなくて、復習から始めたらどうかしら」
子「でも、そんなことしてると宿題が終わらないよ」
母「そうね、宿題が多いものね。あっそうだ、塾から帰ってきてすぐに復習するのはどうかしら、20分だけ。特に算数の授業があった日は」

子「う～ん、できるかな」
母「家に帰ってきてから、少し難しく感じた問題の解き方を2～3問だけお母さんに教えてくれるだけでもいいわ」
子「そのぐらいならできそう」
母「お母さんがわかるように説明できれば、その問題は完璧に解けるはずだもの。週2回として、1カ月で8回、20問ぐらいが完璧になったらテストの点数も上がりそうね」
子「じゃあ、やってみようかな」

このような会話の中で「階段」をつくりながら、子ども自身ができることを見つけてあげてください。それとともに、もし実行できたら起こりうる嬉しいことも想像させてあげてください。

中学受験は、家族が一致団結して子どもを支えていく時間です。その時間には「合格」以上に大きな意味があります。合否を超えて、その時間が子どもの将来にとって大きな力になり、同時に家族の絆を強くするもの。そうであってはじめて、「中学受験は成功だった」と言えるのです。

中学受験の学習期間は、子どもが一歩一歩階段を登っていくのを家族全員で喜び合える貴重な時間です。「こうあるべき」という状態にほど遠いからと、叱咤したり罵倒すべきではありません。

自分なりに頑張れることを見つけさせて、ちょっと頑張れるように仕向けてみる。その頑張りに応じて、子どもにとってちょっと嬉しいことが起きる。その嬉しさに励まされて、子どもがもうちょっと頑張ってみるようになる。このような子どもの成長こそが、家族の喜びにつながっていくのだと考えています。

この本の「はじめに」で、「楽しくなければ中学受験は成功しない」と書かせていただきました。目標の中学合格という高い目標に向けて、子どもが一段一段階段を登っていく喜び、これが家族全員の、そして子ども自身の楽しさです。この楽しさの経験が、子どもの将来を力強く励まし続けていってくれます。

お子さんの中学受験の勉強が家族全員にとって実り多いものになることを、心から祈っています。

付録

今どきの中学入試問題例

小学校では絶対に教えない「図」を使った解き方

問題だけでなく、「問題の解き方」も、昔とはかなり違ってきています。これはお父さんお母さんの世代ではあまり馴染みがないかもしれませんが、算数の問題を解くとき、問題文を精読してから、それを「図解」して考えるという思考法が特に塾では主流になっています。線分図、面積図、てんびん図法、ダイヤグラムといった「図法」による考え方を身につけ、これを問題文と行き来しながら考える力が求められるわけです。

たとえば「距離」「時間」「速度」の関係を理解するときに、かつては「ハ・ジ・キ」という図がよく使われていました。

要するに、「速度×時間＝距離」を図にしたもので、問題ではふたつがわかっていて残りのひとつを問われている場合が多いので、これを用いればいいというものです。

しかし、最近は「面積図」を使って理解するほうが主流です。つまり、距離をひとつの

◎以前の「距離」「時間」「速度（速さ）」の求め方

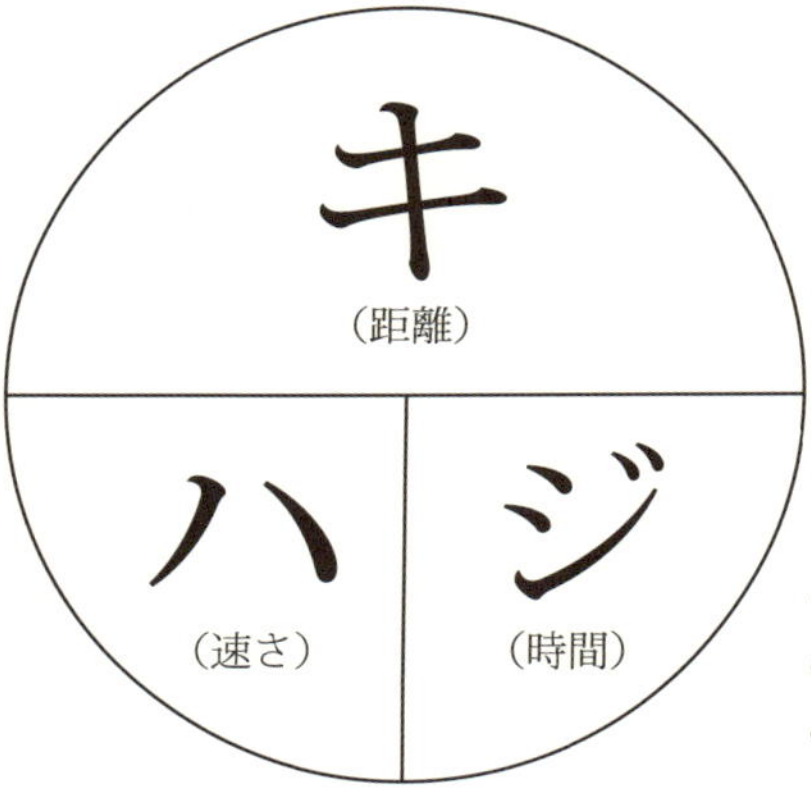

・キ（距離）＝ハ（速さ）× ジ（時間）
・ハ（速さ）＝キ（距離）÷ ジ（時間）
・ジ（時間）＝キ（距離）÷ ハ（速さ）

長方形と考え、縦の辺（または横の辺）を「速さ」、横の辺（または縦の辺）を「時間」、面積を「距離」として捉えるのです。

「8時に家を出て学校へ行くのに、毎分90mの速さで歩くと始業時刻の5分前に学校に着き、毎分75mの速さで歩くと始業時刻の2分前に着きます。学校の始業時刻は何時何分ですか？　また、家から学校までの距離は何mですか？」

といった場合にも、面積図を使って解いていきます。

横軸が時間、縦軸は速さ。求められているのは「学校への距離」で、「ア＋ウ」または「ウ＋イ」の面積です。学校への距離は変わ

◎最近の「面積図」を使った解き方

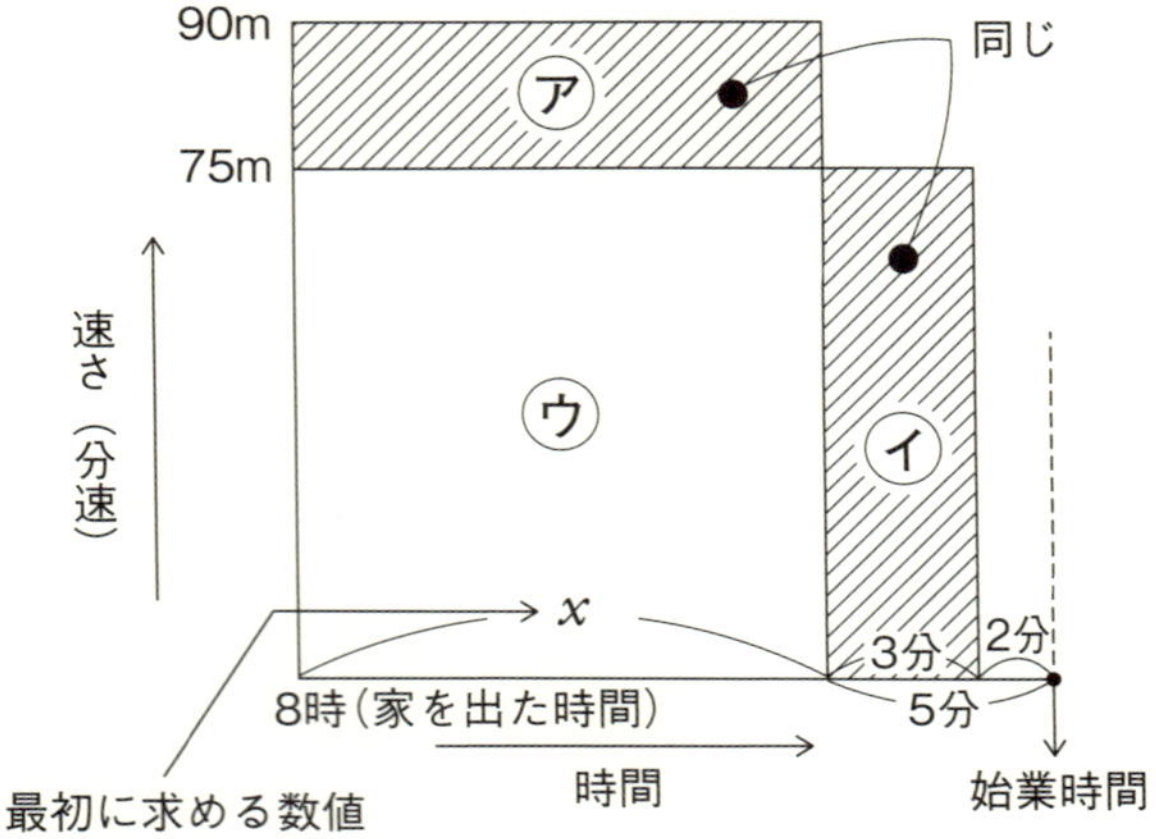

らないのでこのふたつは等しいことがわかります。さらに「ウ」が共通なので「ア」と「イ」の面積が等しいこともわかります。「ア＋ウ」または「ウ＋イ」の面積（学校までの距離）を求めるために、この図で「わかっていない」のは、「ア＋ウ（アの長方形の長さ）」の長方形の横の長さです。

イの面積は「75×3＝225」、アの面積は「15×求める値（アの横の長さ）＝225」ですから、アの横の長さは「225÷15」で15。毎分90mで学校に向かうと、15分かかるということ。つまり、始業時間は8時＋15分＋5分ということで8時20分。したがって、距離は「90m毎分×15分（または75m毎分×18分）」で「1350m」となります。こうした考え方が、面積図の基本です。

距離、時間、速さの問題は、小学校の算数の授業ではあまり積極的に教えられることがないのですが、受験対策のための塾ではもはや常識です。

〝昔の難問〟は今の標準的なレベルの問題

では算数の「図形」について少し見てみましょう。

次々ページの問題Aは、20年ほど前に開成中学で出題された問題。つまり、「昔の難問」です。一方、問題Bは問題Aの「応用」と言えるものですが、現在では偏差値50以下の中学校の入試で出されているものです。

問題Cもまた昔の難問ですが、今は問題Dのようなものが、問題B同様、偏差値50を切る中学校で出題されます。

これらはどちらもいわゆる「パターン問題」に分類されるもので、過去問題、類題をたくさん解いていればなんとか対応できるタイプのものです。

パターンものというのは、「三角形の面積を求めるもの」の中で、まず30度の角を持つ直角三角形のものがあり、さらに15度の二等辺三角形において外角の30度を利用するもの……とさまざまです。これらのパターンをすべて一度経験しておけば、どれが出題されても「あ、あのパターンだ」ということで解ける。それがAの例です。

これが昔は難問とされていました。しかし、問題Bを見てください。一見するとまったく違う問題ですが、実はAの応用です。まず真ん中の小さい三角形がAと同様、ふたつの角が15度の二等辺三角形であることに注目すれば三角形の面積がわかります。この三角形を含む中心角が150度の扇型の面積を計算して、三角形の面積を引けば斜線部の面積がわかるというわけです。

パターン問題といっても今や一筋縄ではいかないものが増えており、昔難関校で出されていたのよりずっと複雑なものが、現在では中堅校の入試で出題されています。

◎以前と比べて、問題はこんなに難しくなっている

問　斜線部分の面積を求めなさい

問題 A　約20年前に開成中で出題された問題

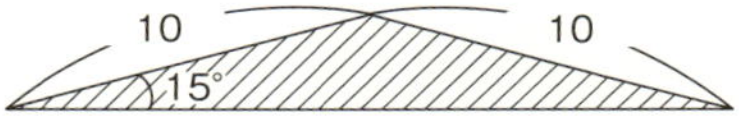

問題 B　現在の偏差値50以下の学校で出題される問題

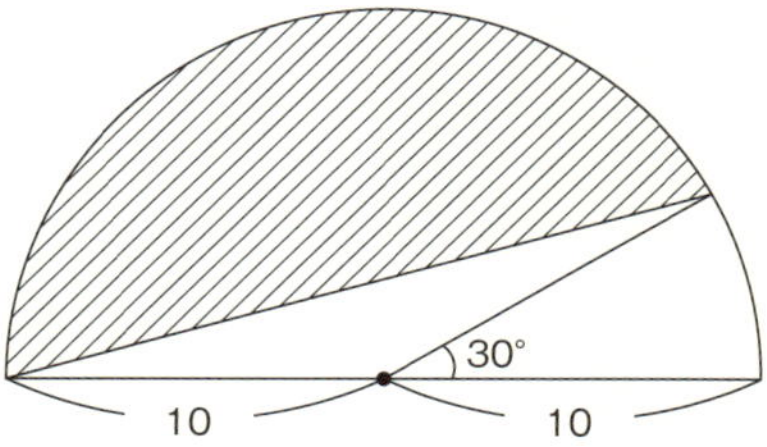

問題 C　約20年前に"難問"とされていた問題

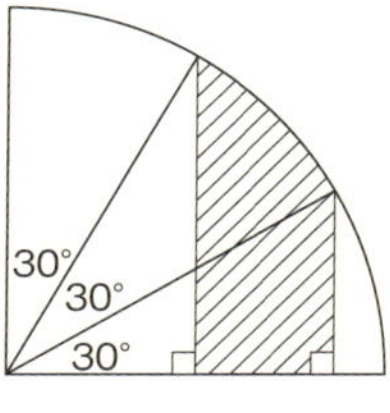

問題 D　現在の偏差値50以下の学校で出題される問題

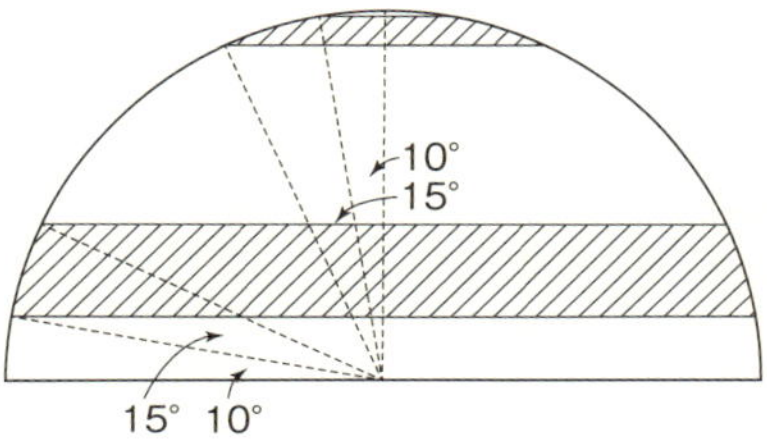

難関校では東大入試並みの問題も出題される

中学入試の算数には、東京大学入試の理系二次試験と考え方が類似しているものも出題されています。少し古いですが、２０１１年度の麻布中学入試の算数で、約数の単元からレピュニット数の問題が出題されました。

左ページ上がその問題です。

１が並んでできた数を「レピュニット数」と呼びます。あるレピュニット数が素数であるかどうかは数学の専門家やマニアの人たちには関心が高いですが、一般の人には、たとえ大学受験生でもほとんど馴染みがないものです。

それが麻布中の２０１１年度の算数入試で出題されました。それ以前には、東大理系前期の２００８年度入試に出題されています。参考までにそちらもご紹介しておきます。

入試問題　2011年麻布中学校　算数

1

1が12個並んだ整数111111111111の約数について、次の問いに答えなさい。

(1) 答の欄の数のうち約数であるものには○、そうでないものには×を左の空欄に書きなさい。

答

	1		1111111
	11		11111111
	111		111111111
	1111		1111111111
	11111		11111111111
	111111		111111111111

(2) すべての位の数字が0か1であるような約数のうち、(1) で答えた数以外のものを7個書きなさい。

入試問題　2008年東京大学理系 前期

[5]　自然数nに対し、$\frac{10^n-1}{9}=\overbrace{111\cdots111}^{n個}$ を $\boxed{n}$ で表す。たとえば $\boxed{1}=1$, $\boxed{2}=11$, $\boxed{3}=111$である。

(1) mを0以上の整数とする。$\boxed{3^m}$は3^mで割り切れるが、3^{m+1}では割り切れないことを示せ。

(2) nが27で割り切れることが、$\boxed{n}$が27で割り切れるための必要十分条件であることを示せ。

中学入試の問題レベルは、算数に限らず大学入試にも匹敵する難易度のものが珍しくありません。大学入試のように厳密な証明は必要とされませんが、試行錯誤する意欲や何かに気づく力は、大学入試と同等のレベルが要求されます。

このような難問に立ち向かうには、自分に限界を感じることなく、「まずはやってみよう！」とチャレンジする強い心がなければ難しいでしょう。また、「今わかっていることから、次に何がわかるだろう？」「あと何がわかれば、答えが見つかるだろう？」と、上下から挟み撃ちをする思考を身につける必要があります。

これは意識的に行われなければ身につきません。でも、この**〝考える型〟を小学生のうちに身につけておくと、将来への強力な財産になります。**

パターン学習や大量学習ばかりだと批判されることも多い中学受験ですが、正しく、楽しく勉強をすれば、大きな実りになることは間違いありません。

[解答]

1 (1)

○	1	×	1111111
○	11	×	11111111
○	111	×	111111111
○	1111	×	1111111111
×	11111	×	11111111111
○	111111	○	111111111111

(2)(例) 10101010101, 1001001001, 100010001, 1000001, 10101, 1001, 101

著者紹介

西村則康（にしむら　のりやす）
30年以上、難関中学・高校受験指導一筋のカリスマ家庭教師。日本初の「塾ソムリエ」としても活躍中。暗記や作業だけの無味乾燥な受験学習では効果が上がらないという信念から、「なぜ」「だからどうなる」という思考の本質に最短で入り込む授業を実践している。また、受験を通じて親子の絆を強くするためのコミュニケーション術もアドバイス。これまで開成中、麻布中、武蔵中、桜蔭中、女子学院中、雙葉中、灘中、洛南高附属中、東大寺学園中などの最難関校に2,500人以上を合格させてきた実績を持つ。テレビや教育雑誌、新聞でも積極的に情報発信を行っており、保護者の悩みに誠実に回答する姿勢から熱い支持を集めている。また、中学受験情報サイト『かしこい塾の使い方』は16万人以上のお母さんが参考にしている。

中学受験《ちゅうがくじゅけん》は親《おや》が9割《わり》 最新版《さいしんばん》

2018年6月1日　第1刷

著　　者　西《にし》村《むら》則《のり》康《やす》

発 行 者　小澤源太郎

責任編集　株式会社　プライム涌光
電話　編集部　03(3203)2850

発 行 所　株式会社　青春出版社
東京都新宿区若松町12番1号 〒162-0056
振替番号　00190-7-98602
電話　営業部　03(3207)1916

印　刷　中央精版印刷　　製　本　フォーネット社

万一、落丁、乱丁がありました節は、お取りかえします。
ISBN978-4-413-23089-6 C0037

大好評！　青春出版社の中学受験シリーズ

中学受験 偏差値20アップを目指す逆転合格術

西村則康

成績がなかなか伸びないのには"ワケ"がある

◎［4年生からの大逆転術］
→「聞く力」と「正しい復習」がカギ

◎［5年生からの大逆転術］
→ここから「本当の理解」が必要になる

◎［6年生からの大逆転術］
→「アウトプットする力」が合否を決める

中学受験
偏差値20アップを目指す
逆転合格術
西村則康

正しい復習法　つまずきポイント解決術　志望校別・問題の"捨て方"

「点のとり方」さえわかれば"どん底"からでもグンと伸びる！

6年生でも大丈夫！

中学受験から難関校まで、多くの子を"大逆転"に導いてきた著者が教える㊙メソッド

青春出版社

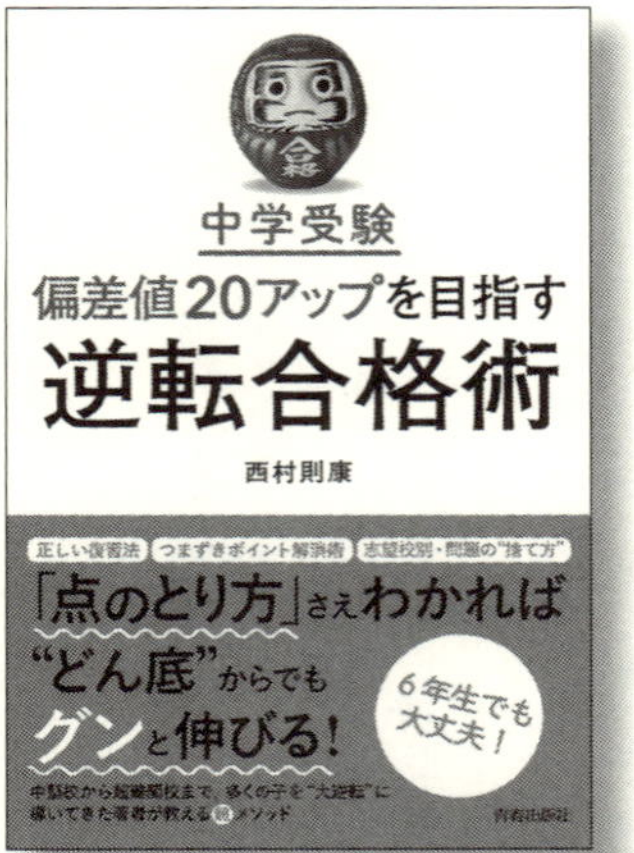

ISBN978-4-413-23061-2　本体1480円

大好評！　青春出版社の中学受験シリーズ

公立中高一貫校に合格させる塾は何を教えているのか

ひとり勝ち「ｅｎａの授業」から分かること

おおたとしまさ

何を重視し、何を教えているのか

◎適性検査は２０２０年の大学入試改革にも対応している
◎ｅｎａの授業を実況中継する
◎親が過去問を指導するのは要注意

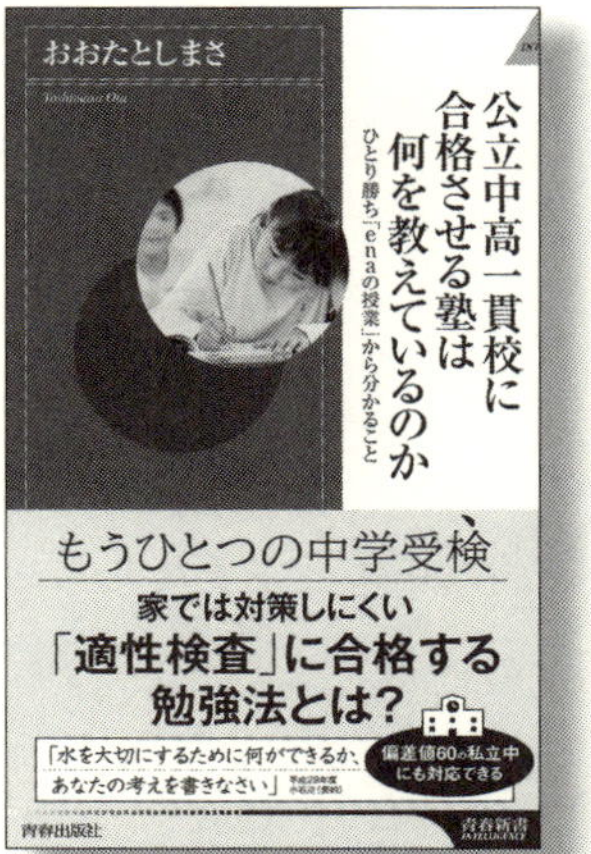

ISBN978-4-413-04527-8　本体790円